新装版

密教の学び方

宮坂宥勝

法藏館

密教の学び方　目次

I　密教ランドへ

II　弘法大師空海の世界へ

本書は平成一六（二〇〇四）年刊行の第三刷をオンデマンド印刷で再刊したものである。

密教の学び方

I　密教ランドへ

大乗仏教から密教へ

大乗仏教における三つの学派

大乗仏教のさまざまな経典を踏まえて、仏教の大きな思想の流れが形成されていくが、その中のひとつに中観派、サンスクリット語でマードヤミカ・ヴァーディンという学派がある。そしてその次に唯識派、サンスクリット語でヴィジニャーナ・ヴァーディンという学派がある。これにはもうひとつ、ヨーガーチャーラ・ヴァーディンという呼び方があるが、宗教的な瞑想を実践する学派という意味で、日本ではふつう瑜伽行派という訳をあてている。この訳語がいいかどうかは多少問題があるが、ヨーガというのは、日本でもいま流行で、よく行なわれているヨガのことである。つまり、宗教的な一種の瞑想で、そのヨガを実践する者たちの一派という意味で、瑜伽行者（瑜伽師）派ともいうのである。

さらにもうひとつは、特別に名前はないが、仮に名づけて仏教論理学派と呼ばれるものである。これも大乗仏教の流れの中では非常に重要なものである。

中観派

中観派は、ナーガールジュナ（竜樹）がこの学派の開祖になっている。二世紀から三世紀ごろにかけて、南インドに栄えたシャータヴァーハナ王朝の時代の人である。そのあとを受けたのがアーリヤデーヴァ（聖提婆）で、さらに何人かの人が出て、この中観派が二つに分かれる。

そのひとつは、スヴァータントリカ派と呼ばれている一派で、その初めはバーヴィヴェーカ（清弁）で、四九〇年から五七〇年代にかけての人である。そのあとを継いだのがアヴァローキタヴラタで、七〇〇年ごろの人だが、中国にはその名前がまったく伝えられていない。あえて訳せば、観誓とでもいうのであろうか。

もうひとつは、プラーサンギカ派と呼ばれる一派である。この派はブッダパーリタが始めたもので、そのあとを受けたのはチャンドラキールティであるが、この二人もやはり中国には名前が伝えられていない。さらにそのあとはシャーンティデーヴァ（寂天）で、この人は中国にその著作のいくつかが翻訳されている。以上が大まかな中観派の系統である。

ナーガールジュナに『中論』という書物がある。これは世界的に有名な書物で、内容のごく重要なところだけを要約すると、そのひとつは「空」ということである。大乗仏教の代表的な経典として般若経典が挙げられるが、この般若経典もひとくちでいえば、この「空」の教えを説いた経典である、と言い切ることができる。

　般若という言葉はサンスクリット語でプラジニャーという。プラは前、ジニャーは知るという意味で、私たちが知る以前からの智慧である。いいかえると、ふつうの私たちの認識のはたらきよりももっと深いところにある智慧のはたらきのことである。西洋の哲学の言葉で悟性とか、理性とかというが、そういうふつうに頭の中で考える智慧ではなくて、そういう智慧よりももっと深い、そういう智慧を超えたところにある智慧という意味で、つまり悟りの智慧ということになる。よく「般若空」とか、「一切皆空――すべてのものは皆空である――」というような表現をするように、一切は「空」であるということを悟る智慧である。だから般若はすなわち「空」ということである。ただ「空」といっても、般若の内容を言い表わす場合には特に空智ともいわれる。

　このように、ナーガールジュナの『中論』で取り上げた「空」というのは、般若の空の智慧のことである。しかし、その空という言葉は、インドにおいてもしばしば無、虚無と同じものと誤解されている。無というのは、ひとくちでいえば存在の欠如という意味で、あくまで相対概念にすぎない。机の上のコップがいまここにないという場合には、そのコップの無があるという表現で言い表わすことができる。これをインドでは、しばしば無の論証という。だから、無というのはあくまでも存在の欠如、存在すべきものがいまそこにないという意味であるが、空はそうではなく、最も内容の充実したものである。

この空を理解する手がかりとして縁起という言葉がある。縁起というとすぐに思い浮かべるのは、神社とか、仏閣の由来を書いたものや、もっと通俗的には「縁起が悪い」とか「縁起がいい」という場合の縁起という言葉である。しかしいまはそういう日本語から一応離れて理解することが大切である。

中観派の人びとは、釈尊が説いた悟りの教えを、縁起というたった一語でとらえたといってもいい。縁起というのは字で読んでわかるとおり、縁《よ》りて起こる、という意味である。よってということだから、何かがあって、何かによってある別のものがそこに起こっているということである。つまり、AによってBがあるというような、簡単な函数的因果関係を示す図式で言い表わすこともできる。

しかし、これはなかなかむずかしい内容の言葉である。AがあってBがあるというと、Aという存在とBという存在は個別にそれぞれ存在しているように思われるが、実はそうではなく、AとBは、AとBとの関係において成り立っているという、逆の言い方もできるわけである。要するに、AはAだけ、BはBだけでは決して存在しないというのが、縁起という言葉の本来の意味である。

この現実の私たちの世界をみると、あるゆるものが無常なもので、絶えず生滅変化しており、ひとつとして固定して存在しているものはない。そのことを、この縁起という言葉で言い表わしているわけである。もし、よってということを現代的に、条件とか関係という言葉に置きかえると、あらゆるものは条件によって、または関係性において成立しているということになる。

縁起の内容についてみていくと、まず、あらゆるものは条件によって成立している。その限りにおいては、そのもの自体は決して固定して実在してはいないから、それを空という言葉で言い表わす。そういう空である真実なるものの姿は、今度はもう一度縁起という言葉にかえしてみると、ただ単にすべてのものが固定して存在してはいないということではなく、現象としては、そこに確かにものがあるではないかということになり、それを仮《け》という言葉で言い表わす。仮というのはサンスクリット語のプラジュニャプティで、仮構のものということである。

それはまた言葉をかえて、「中」ともいっている。釈尊が悟りを開いたときに、極端に走らない、具体的にいうと、極端な苦行主義とか極端な享楽主義を排して、正しい生活を行なわなくてはいけないということで、中の教えを説いた。これを中道とふつういっている。ナーガールジュナの教えでは、いまいった縁起の内容は空である。しかし空では、現象としては確かにそういうものが仮に存在している。それを仮構の存在だとみるのは、かつて釈尊が成道直後に説いた中道の意味であるとして、それを中といったのである。だからこの中観派というのは、この中を説く学派という意味で、中の学派と呼ばれているわけである。

次に、中観派の論理のもっとも重要な点は、真理の二重構造論という非常にむずかしい言葉で呼ばれるものである。中国でこの『中論』が翻訳されたときには、それを第一義諦と世俗諦と呼んでいる。現代の私たちにわかりやすい言葉でいうと、最高真理と世俗真理といいかえることができる。

ではその最高真理とは何かというと、あらゆるものが空であると認識する立場である。空というのは、まえに述べたように、ものの存在と非存在という対立概念を超えたものである。ひとつのものの存在を有としてとらえ、それからその反対に、今度は有を否定して無としてとらえて、存在しないというのは、あくまでも相対的な価値観念にすぎず、そういう相対的な価値の滅んだ空の世界を、最高真理といっているのである。

これはいってみれば、中観派の立場においてとらえた大乗仏教の悟りの世界である。伝統的な大乗仏教の経典に即していえば、般若の悟りの智慧を空としてとらえたのであって、それを最高真理の立場とみているのである。

しかし、私たちの現実の世界は必ずしもそうではない。現象としてみた場合には、私たちは時間や、空間によって制約されている。そういう相対的な世界がちゃんと成立しているわけで、そういう相対的な世界が成立しているとみるのが世俗真理の立場である。つまり、世俗の真理というのは、もう一度縁起の相対性において、つまり、条件によってあらゆるものが存在しているとみるわけであるから、個々のものの存在を認めている立場である。

ここで相対という言葉が、中観派では非常に重要な意味をもってくる。いま私たちは相対の

「たい」に対という字を書いているが、仏教では本来は待という字を用いた。おそらく明治になってからヨーロッパの哲学を翻訳する場合に、こういう言葉を使ったのだと思われる。要するにAであればAとBとの関係性のことである。ただ、Aという項があり、それからBという項があり、そしてそこに両者の関係が成り立っているというようにみてはならないというので、そのへんのところが非常にむずかしい。

そういう世界を、ではいったいどう表現しているのかというと、諸法実相という。つまり、すべてのものがありのままで、その姿を表わしていると見る。つまり、諸法実相という言葉をいいかえると、超論理的な世界とでもいうのであろうが、それが最高真理の世界であり、悟りの目を持ってみた世界の実相であるというのである。

私たちはもちろん世俗真理の世界に住んでいるし、その世俗真理の立場において、人間の思考とか、行動とかがすべて成り立っている。しかし、そこを踏まえて、真理の二重構造を正しく把握すること、それが中観派のもっとも重要なかなめとするところである。

唯識派

唯識派の系譜は、最初にまずマイトレーヤ（弥勒）がおり、三五〇年から四三〇年ぐらいの人である。そのあとを受けたのがアサンガ（無著）で、三九五年から四七〇年の人、その次がヴァスバンドゥ（世親）で、四〇〇年から四八〇年の人である。このアサンガとヴァスバンドゥは実の兄弟で、アサンガが兄である。

マイトレーヤがはたして実在したかどうか、学問的な見地からみれば、あるいは複数の人物であったかもしれない。しかし、ともかくこの人が唯識派を始めた人であり、その説を受けたのがアサンガである。アサンガの主著に『摂大乗論』という書物があり、これは大乗仏教概論とでもいうべきもので、唯識派では最も重要な書物の一つになっている。弟のヴァスバンドゥも、非常にたくさんの書物を書いており、代表的なものとしては『唯識二十論』と、『唯識三十頌』がある。

この唯識派の主張するところは、まず最初にアーラヤ、つまりアーラヤヴィジニャーナ、阿頼耶識である。大乗仏典に『解深密経』とか『大乗阿毘達磨経』という経典があるが、これらの経典の中に、阿頼耶識、三性、それから唯識のことが出てくる。それが、マイトレーヤからアサンガ、ヴァスバンドゥと継承されて、非常に学説が細かくなり、また体系化されていく。

唯識派は私たちの認識の働きを細かく分析していく。中観派が、どちらかというと論理主義的な立場に立っているのに対して、唯識派は非常に心理主義的な色彩が強いということがいえる。釈尊が説いた教えの根本を、中観派の人びとは般若の空の教えであると受け取ったようである。しかし唯識派の人びとは、釈尊は私たちの根源的な心の働き、つまり心の世界を明らかにしたと受け取ることで、この学派が成立していくのである。

唯識派の学説では、私たちの心の世界を分析して、認識作用を八つに分ける。六つに分ける立場もあるが、八つに分けるのが主流である。眼識は目でものを見て知るという視覚的な認識のはたらき。耳識は耳で聞いて知るはたらき。鼻識は鼻でかいでそのものを知るはたらき。舌識は味わって知るという認識のはたらきである。身識は触れてみて知る認識のはたらきである。これを前五識といい、現代的にいえば、私たちの感覚的な認識である。前五識というのは、次の六番目の意識が中心になるので、意識の前にある五つの認識のはたらきということである。

意識は六番目なので、第六識という。この第六識は感覚よりももっと深い認識で、それらの感覚的な認識をまとめるものである。私たちはふつう意識という言葉を使うが、これはもちろん仏教からきている言葉で、心のはたらきのことである。よく第六感をはたらかすなどというが、第六感とでもいうべきものはこの意識の領域である。

ところが、もっと深い認識の世界があって、それが次の第七末那識である。末那識はいいかえると、自我意識ということである。人はだれでも自分というものをちゃんと認識しており、私はということを絶えず意識している。そういう自我意識が、この第七末那識のはたらきである。そして仏教では、おれが、私が、という認識のはたらきというのは、実は自分に対するとらわれのもとになるものであるとする。つまり、それは汚れた認識内容をもっているもので、染汚識《ぜんま》――染まって汚れている意識である。

さらにもっと深いところに第八阿頼耶識がある。これは前五識から第六識、それから第七末那識までのすべてを生み出す根源的な認識のはたらきである。現代的ないい方をすれば、潜在意識あるいは深層意識と呼ばれるもので、根本識ともいわれている。小さい自我意識をさらに超えた、もっと深いところにある真実の自分自身の、気がつかないところにある大きな認識のはたらきである。

第八阿頼耶識、アーラヤヴィジニャーナのアーラヤはもともと蔵という意味で、ヴィジニャーナは識であるから、蔵識と訳す。蔵というのはものを入れておくところであるので、それにたとえたのである。私たちの過去からのあらゆる経験、あるいは行為とか思考といったものは、すべて阿頼耶識という意識の中に堆積されている。そしてまた、これからの私たちのすべての行動とか思考というものも、この第八阿頼耶識を基点として展開していくわけである。

次に三性は、やはり唯識派でずっと問題になってきたもっとも大事な考え方で、遍計所執性《へんげしょしゅうしょう》、依他起性《えたきしょう》、円成実性《えんじょうじつしょう》の三つである。遍計所執性というのは、要するに私たちがものを考えたりする場合に、何もありもしないものをあるかのごとくに錯覚してみているということである。だから、もう少し高い次元に立ってみた場合には、私たちのそういう認識のはたらきはすべて虚妄性のもので、分別といわれるものである。

そのたとえとして、夢のたとえがある。私たちは夢の中でものをみたり、いろんなことを経験したりする。しかし、夢をみているときにはたしかにそのとおりだと思うが、夢から覚めてしまうと、それは何もなかったものである。同様に、現実の迷いの世界において私たちがものをとらえる場合に、実際にはそのものがないにもかかわらず、あたかもあるかのごとくにみえるので、それに対するとらわれが起こり、悩みとか、苦しみとか、そういったいろんな心の不安が起こってくる。そういう虚妄性をまずはっきりと見きわめなくてはいけないということで、遍計というのは心で計らいごとをしてとらわれるもの（所執）、という意味である。

次の依他起性というのは、他によって起こる性質という意味で、他によってというのは先ほどの縁起という言葉でいいかえることができる。実は何もないとみるのは、夢の中でみるのと同じであるというが、しかし現実には確かにものがあるではないかといえばそのとおりである。ここに黒板があるし、チョークもあるではないかといえばそのとおりだが、しかしこのものは、このものだけで存在しているのではなく、すべてさまざまな条件が組み合わさって、そこにひとつのものが成り立っているのである。もしそういう条件をはずしてしまえば、それ自体は何も存在しない。他によるというのは要するに縁起である。すべてほかのものによって起こるということで、これは少し深い見方である。

次の円成実性というのは非常にむずかしい言葉だが、わかりやすい言葉でいいかえると、完成された世界というような意味である。つまり、ものの真実の姿を正しく見きわめたところが円成実性で、ありのままの世界とでもいうべきものである。

そのありのままというのはどういうものかというと、ここで中観派なり、般若経典で説く空の思想と結びつくわけである。つまり、円成実性というのは、いいかえると、空性という言葉で表現しているが、一切は空であるとみる悟りの世界である。

遍計所執性は蛇で、依他起性は縄、それから円成実性は麻であるという有名なたとえがある。夕暮れにそのへんが薄暗がりになっているところを歩いていくと、蛇が横たわっている。はっとして一瞬たじろぐ。しかしよく見ると、それは動かないし、もう少し気をつけてよくよく見ると、実は縄がそこに落ちていたので、それを蛇と見誤ってしまったのである。それが遍計所執性である。そして実は蛇ではなくて縄であった、と見るのが依他起性だというのである。

しかし、これは縄というものが縁起によって成り立っているもので、一本の縄はまた麻がより合わさってできている。縄というものは実体としては存在せず、事実あるのは一本ずつの麻の糸である。このように麻の糸であると見るのが円成実性の世界だ、というわけである。しかし、麻自体は存在するかといえば、これもまた植物繊維の集まりをかりに麻と名づけたものにすぎないから、当然のことながら、そうした麻をより合わせてできている縄そのものの存在を一度否定してしまうのが円成実性の、つまり空性の世界である。

しかし、まったく何もないかというと、そうではない。一本ずつの麻の糸が縄という全体の形を成しているのであって、現実には縄はある。しかしその縄は麻によって成り立っている仮の存在だというのである。

ここが非常に大事なところで、つまり依他起性が中心になって、依他起性から円成実性、つまり空性の世界へ進むのが悟りの世界を指向することになるし、縄であるにもかかわらず蛇だと見誤るように、依他起性から遍計所執性の世界へ向かうのが迷いの世界に行くことになる。

だから迷いと悟りの世界というのは、いいかえると依他起性を踏まえて、そこから円成実性へいくか、それとも遍計所執性へいくかによって分かれるというのが三性説である。

唯識というのがこの学派の名称の由来するところで、漢字で読むとただ識のみということである。ただ識のみというのは、要するに私たちはふつう自分があって、ほかの人がいるとか、あるいはみている自分がいて、花ならみられる花があるというように、主観と客観が絶えず対立した関係にあるとみている。そして外界に事物が存在しているようにみえるが、その外界の事物は、実はそのもの自体としてはひとつも実在していないというのである。

では何があるのかといえば、ただ識のみであって、認識内容としてそこにすべてのものが表われているとする。認識内容としてそこにものがあるということを、この唯識の専門の言葉では行相《ぎょうそう》というが、今日の私どもの言葉でいいかえると、心の中に映って表われている形、つまり表象である。ものはその表象として存在しているにすぎないということで、ただ識のみと見るわけである。ところが、私たち凡人はだれでも唯識的なものの見方をしているかというと、そうではない。これは悟りを開いた人、つまり仏陀的な認識として説かれているのであって、そこは唯識派の究極とするところである。

細かくいうと、それでは外界の事物はまったく存在しないのかということになるが、外界の事物はやはり実在としてはあるのである。しかし、それが真に具体的な形をとって私たちに認識されるためには、一度やはり私たちの認識を透過しないと、それは具体的な形として表われて出てこない。唯識の一派にはそういう見方をする人びともいて、たとえば部派仏教の一派である経量部は、実在論的な世界観が顕著であって、そうした思想的影響を受けている。外界の事物は、私たちの認識のはたらきの如何《いかん》にかかわらず客観的に存在する。しかも、それは刹那滅（瞬間的生滅の連続）の個物としてのみ実在する、というようにみるわけである。

仏教論理学派

最後に、仏教論理学派であるが、これは近代のヨーロッパの学者、旧ソ連のスチェルバツキーという仏教学者が特別に名づけたものである。

大まかにいうと、これはさきほどの唯識派の中に含められるが、さきにいったヴァスバンドゥ（世親）から始まって、ディグナーガ、イーシュヴァラセーナ、ダルマキールティへとつながる。この中のディグナーガ（陣那）が書いた『集量論』――量を集めた論書――は、世界的に有名な仏教の論理学の書物である。

この量というのは、正しい認識という意味で、この派では正しい認識とは一体何かということを徹底的に追究していく。もちろん正しい認識というのは、根源的には仏教における悟りの智慧に到達することである。その悟りの智慧を明確にするために、論理学的に正しい認識とはいったいいかなるものであるかということが非常に詳細に考察されていて、その書物に対してダルマキールティが注釈を書いた。それが『量評釈』である。これも非常にむずかしいもので、世界中の学者がかかってもまだ全部解読されていない書物である。

ごく簡単にその内容をいうと、阿頼耶識ということで全体の構成は説明したが、第六識、意識までを説いているのが、この仏教論理学派の人びとの学説である。つまり、第七末那識、第八阿頼耶識は、論理学を立場とする場合には必要がないという。その点がひとつ。

次に、あらゆる認識の働きを二つに分ける。ひとつは、直観といってもいいが、直接知覚である。刹那に生滅変化している個物のみが真の実在であるというように認識するのは、この直接知覚の働きによるというのである。

ここでは初期仏教で説く諸行無常という無常観が、ひとつの世界観としてバックグラウンドになっている。あらゆるものが無常であることを徹底的にひとつの論理として追究していって、いったい、真にものが存在しているとはどういうことかというと、それは瞬間的にそこに存在しているものである。つまり、時間的にも、空間的にももっとも限定されたもので、それは個物であり、その個物は一瞬ごとに、刹那ごとに生滅変化をしている、その連続だと見るわけである。これを仏教論理学派では刹那滅論といい、その刹那のものの存在を認識する場合には、直接知覚、つまり直観の働きによるというのである。

もうひとつは、私たちの認識の領域は推理によって成り立っているというのである。これは思考を交えたものであって、たとえばここにいま私の時計があるとする。これは時計であると見る場合には、そこにひとつの判断が加わるので、そういう知覚判断をも含めて推理といっているのである。それから、実際に目でみることのできないものとか、聞くことのできないものとかいった未知のものに対しては、事実関係を根拠として判断を下すので、そういうものも推理といい、この二つに私たちの認識のはたらきを限定してしまっているのである。

インドの認識論の歴史が少しわかれば、どうして仏教の論理学がこの二つに認識作用を限定したかということがよくわかるし、仏教の論理学は非常にすばらしいものだということがよくわかる。五世紀のディグナーガは仏教論理学の基礎をつくった人として知られている。彼以前には、正しい認識根拠として直接知覚（現量）・推理（比量）・言語認識（聖言量）の三つが説かれていた。本来、インド哲学では、言語認識を独立の認識根拠に数えあげる場合、バラモン教の聖典『ヴェーダ』をさした。仏教の場合には仏説である。ディグナーガはこの言語認識を、権威に訴える誤謬として退け、独立の認識根拠にせずに、推理に含めたので、結局正しい認識根拠は、直接知覚と推理だけであるとする。以後、仏教論理学派ではこれを踏襲する。しかし正しい認識の根源は、釈尊が成道によって開かれた悟りの智慧であり、さらには釈尊それ自体の存在であるということをいっておきたいと思う。

密教経典の成立

大乗仏教から密教へ

西暦紀元の初めごろから六世紀ごろまでにわたる数世紀間に、たくさんの密教の経典が作られるが、それらは雑部《ぞうぶ》の密教という意味で、雑密経典と呼んでいる。その実質的な内容は、ひとくちにいえば、除災招福、つまり災いを除いて福を招くことで、そういう経典が数えきれないほどたくさん作られて、その積み重ねの上に成立したのが『大日経』と『金剛頂経』という二つの経典である。『大日経』は七世紀の半ばごろ、『金剛頂経』は七世紀の後半ごろに、ほとんど引き続いて成立したといっていい。

いままでの話で一番大事なポイントは、『大日経』はどちらかというと中観派の空の論理を基盤として成立し、『金剛頂経』は唯識派の唯識の思想を踏まえて成立しているということである。いずれにしても、大乗仏教の二つの大きな流れが、この『大日経』と『金剛頂経』のなかに巧みに摂取されている。

この二つの経典は従来の大乗経典とどういう点が違うのか。密教のことをインドではしばしば金剛大乗、ヴァジラマハーヤーナと呼んでいるが、要するに、いままでさまざまな大乗経典で説かれている悟りの教えは、まだ完全なものではないということを言い切っているのである。

では、完全な真の悟りの教えとはどういうものかというと、それは密教において説かれているものである。その密教の悟りの世界というのは三つの大きな性格を持っている。ひとつは神秘性。つまり従来の大乗仏教の悟りは、まだ神秘直観までは言っていないというのである。次に、その神秘の世界は、ふつう一般の日常的な言葉ではなかなか言い表わすことができないので、何らかの象徴表現を借りなければならないという点である。だから、曼荼羅という絵画的な表現によって、悟りの世界を表わすのである。

それまでの大乗仏教では宗教的な悟りの世界をひとつの儀礼、つまり行法《ぎょうぼう》と呼んでおり、いろいろな宗教的な作法によって実際に表わす。したがって、その儀礼性が一番重要なことだという。これは私が便宜上まとめたものだが、そういう三つの特質を持っていることがそれまでの大乗仏教とは違った点で、密教のことを金剛大乗と呼んだゆえんであろうと思う。

絶対智をもつ毘盧遮那仏

『大日経』は、正式には『大毘盧遮那成仏神変加持経《だいびるしゃなじょうぶつじんべんかじきょう》』という。いうまでもなく毘盧遮那仏《びるしゃなぶつ》というのは、奈良東大寺の大仏殿に安置してある本尊で、蓮華蔵世界というコスミックな、宇宙的な仏教の世界を表現している。宇宙のすべてのものは本来清らかな絶対の価値を持って存在しているということを象徴しているのが蓮華蔵世界と呼ばれるものである。それを宗教的な人格として毘盧遮那仏という形をとって表わしている。

毘盧遮那仏は『大日経』では、大毘盧遮那仏あるいは大毘盧遮那如来という。毘盧遮那とは光り輝くものという意味だから、大日とも訳している。すべてのものは、この大日如来という仏の表われとして存在しているという、とてつもない大きな仏である。

それから、『金剛頂経』においても、やはり大日如来が教主になっている。さきほど密教のことを金剛大乗といったが、なぜ金剛大乗というかというと、従来の大乗仏教の多くの経典では教主は釈迦如来で、つまり釈尊が説いたものであるのに対し、密教は大日如来を教主とするところが従来の大乗仏教との非常に大きな違いであるからである。

確かに仏教は歴史的に見ると、釈尊が説いた数えであることには間違いはない。しかし密教の立場からすると、大日如来の中に釈迦如来もすべて含まれてしまう。つまり歴史的な存在としては、大日如来はかつて釈迦如来という姿をとって地上に現われ、すべての人びとを救い、導いたというのである。

ではその教えの内容は何か。もっともかなめとするところだけをいうと、大日如来という仏は絶対智をもっている。仏教は、密教でも何でもすべてそうだが、ひとくちにいうと、智慧を説く智慧の宗教だと言い切ってもいいと思う。その絶対智というのは――『大日経』の中では一切智智というが――あらゆる智慧の中の智慧ということで、最高の智慧、もうこれ以上の智慧はないという智慧のことである。

この大日如来の絶対智を、どういうようにして私たちは実現するか。そこで三つのことが説かれている。そのひとつは菩提心である。菩提心には二つの意味があって、菩提とは悟りの智慧という意味で、その悟りの智慧を求めようとする心が菩提心である。もうひとつは、悟りの智慧がそのまま私たちの心である。いいかえれば、私たちの心の実体というか心の本質は、もともとは悟りの智慧そのものである。こういう二つの意味がある。

だから、菩提心は悟りを求めようとする心であると解釈していいが、その悟りを求めようとする心が因になる。つまり原因になるということがひとつ。それから二番目には、仏の絶対の慈悲、その大悲が、植物が生育するのにたとえると、その根になる。それから三番目は方便で、これが究極、つまり目的である。

方便という言葉は、よく「うそも方便」というように使われているが、本来はそういう意味ではなく、実は救いの手だてとでもいうべきものである。だから、簡単に手段と言い切ってしまってもいいが、サンスクリット語ではウパーヤ、つまりアプローチという意味で、そこへ近づいていくことである。相手の人のところに近づいていって、そして手を取って、一緒に理想の彼岸に参りましょうというように、具体的な行動をとることで、それが方便という言葉の意味である。

菩薩には六つの方便がある。つまり六波羅蜜《ろっぱらみつ》で、菩薩が悟りの世界へ到達するためには、六つの手だてが必要とされている。そのひとつは布施で、施しをすること。二番目は持戒で、生活の規律を正しくすること。三番目は忍辱で、すべてのことに耐え忍ぶこと。四番目は精進で、一生懸命に励むこと。五番目は禅定で、心を落ち着けること、心の静まり。それから六番目は真実の智慧で、これがその方便である。その方便が究極であり、要するに目的である。ここが一番大事なところである。

だから、密教では智慧が基本になっている。ただ、一切智智の世界というのは仏の悟りの世界だから、なかなか私たちにはわかりにくい。『大日経』の中では「住心品」という最初の章で、菩提とはいったい何であるか、悟りとはいったい何であるか、ということをいっているが、そこでしきりに空ということがいわれている。要するに、空の世界を悟ることが、密教でいう悟りだということである。中観派で何百年もかかって追究してきた空の哲学が、密教のここに結びついているのである。

象徴としての曼荼羅

「住心品」の次に「具縁品」という章がある。その「具縁品」では、そういう悟りの世界は私たちの日常的な言葉によってどんなに説いても、正しく伝えることができないとして、ひとつの象徴的な表現によって表わすということで、曼荼羅を説いている。

おもしろいことに、大日如来は宇宙そのものを体としているような仏であるが、この私たちの世界には地獄もあれば、餓鬼もあり、いろんな世界がある。大日如来はそういう苦しんでいる人びとをも救ってくださるということで、曼荼羅の中には、地獄も、餓鬼も、畜生の世界も何でもすべてのものが描かれている。密教の象徴性といえば、曼荼羅はもっともいい例で、象徴の中の象徴といっていいかと思われる。

『大日経』で説いている曼荼羅は胎蔵曼荼羅と呼んでいる。この「蔵」というのは、先ほどの阿頼耶識のところにも出てきたし、『華厳経』でも蓮華蔵世界といっているように、大乗仏教では非常に好まれたようである。つまり、胎蔵というのは、胎はお母さんのおなかで、蔵はものをしまっておく場所という意味である。この曼荼羅は胎蔵に大悲という言葉をつなげて、大悲胎蔵生曼荼羅というが、ふつう私たちはこれを略して胎蔵曼荼羅といっている。

これは、仏の絶対の慈悲の世界を胎蔵にたとえている。子供はお母さんのおなかの中に養われ、そしてやがて誕生する、それと同じように、すべてのものは仏の偉大な慈悲に包まれており、そしてそこから出生する。そういう平等の姿を表わしたのが胎蔵曼荼羅である。

それから『金剛頂経』も大変大部な経典であるが、それは金剛界曼荼羅に示されている。金剛というのは非常にかたいものをたとえていう言葉で、ダイヤモンドのようなものももちろん金剛といえるが、必ずしもダイヤモンドだけに限らない。要するにかたい、絶対に壊すことのできない、永遠に変わらないものを金剛といっている。界は世界の界というような意味で、一つの区切りを持ったものということで、限定された世界である。

この金剛は何をたとえたものかというと、やはり智慧である。先ほどいった大日如来の一切智智、絶対智である。その智慧のはたらきは、非常に細かくものを区別して見ていくので、差《しゃ》別《べつ》という言い方もするが、徹底的に細かく、そしてそのひとつひとつの個性を正しく認識して、それを生かしていくということである。だから、もののあらゆる多元的な価値を見出し、価値の世界を発見するというのが金剛界曼荼羅の世界である。

胎蔵曼荼羅は前述したように慈悲の世界である。慈悲のはたらきはすべてのものを平等にみるはたらきに基づいているから、こちらのほうは同じ智慧でも、平等智という。差別の世界に対して平等の世界、つまり平等の半面には差別、差別の半面には平等がある。でなければ、平等にしても真の平等にはならない。また差別の場合にも、真の差別にはならない。ただ単に平等だ、平等だといってすべてのものをひとつにしてしまうと、完全にのっぺらぼうになってしまい、個別的な価値は見失われてしまう。反対にその個別的な価値も、その根底に平等観がないと、真の個別的な価値観は確立されない。そういう意味で、金剛界曼荼羅と胎蔵曼荼羅とは二つであってひとつの世界を表わし、またひとつの世界であって二つの世界を表わしている。

密教の三つの特質の第三は儀礼性である。儀礼は内面的な宗教の世界を表現したり、人間が絶対者と通交するための不可欠の手段だといってよい。したがって、およそ宗教とよばれる限りは、何らかの儀礼をもたないものはなく、むしろ儀礼は宗教現象の本質的なものだ、といってよいかと思う。特に密教は、仏教における儀礼が最も高度に発達し、体系的に組織化されたものである。

儀礼性は広義には象徴性に含まれるものだが、一定の宗教的行為、所作によって表現される点で、単に形象的な象徴性とは区別される。密教で一般に行法とか修法とかよばれる各種のものにおいて儀礼性を認めることができ、その完備した複雑な内容をもつ儀礼性は、密教を他の一般日常的な行為と区別する最も顕著な特質である、といえるであろう。

そういうことで、『大日経』と『金剛頂経』とはひとつのペアの形になり、中国、日本の密教においては、両部の曼荼羅がひとつのパターンになっている。これが七世紀ごろのインドにおいて、体系的、組織的な密教の完成した時点に現われた二つの代表的な経典である。そしてこれが、中国から日本に伝えられてくる密教の大きな流れになるのである。

密教の成立と大日如来

大日如来の成立

真言密教の教主は、大日如来である。サンスクリット語のマハーヴァイローチャナ・タターガタを摩訶毘盧遮那如来《まかびるしゃなにょらい》と訳すが、意訳して大日如来という。マハーヴァイローチャナは「偉大なる光り輝くもの」を意味し、これを大日と訳したのである。この如来については、『大毘《だいび》盧遮那成仏神変加持経《るしゃなじょうぶつじんぺんかじきょう》』（略称『大日経』）住心品《じゅうしんぼん》に「いうところの過去・未来・現在の三時を越えている如来の日」とあり、これについて善無畏《ぜんむい》（六三七〜七三五）が『大毘盧遮那成仏神変加持経疏《しょ》』（略称『大疏《だいしょ》』）で注解していう。

「大毘盧遮那成仏神変加持」というのは、そのうちのサンスクリット語音の毘盧遮那（ヴァイローチャナ）は太陽の別名、つまり闇黒を除いて遍《あまね》く明らかに照らす意味である。ところで、世間でいう太陽は、方角や部分があって、もしも太陽が外を照らすときは内面の世界には光がとどかず、明るさは一方だけにあって、他方には到達しない。またただ昼間だけ照らして、その光は夜を照らさない。毘盧遮那如来（＝大日如来）の智慧の日の光は、そうではない。すべてのところに遍く偉大な輝きである。内と外、方角と場所、昼と夜との区別が全くない。（中略）このようなさまざまな然るべき理由で、この世の太陽とは比較にならない。ただこの僅かに類似している点を取ってのことであるから、「大」（摩訶《まか》）の名を冠して、摩《ま》訶毘盧遮那《かびるしやな》というのである。（拙著『仏教経典選8　密教経典』筑摩書房刊、一四頁、一七七～一八一頁参照）

といっているのが、大日の訳語の説明的典拠とみることができよう。

いうまでもなく、仏教の開祖は釈尊である。釈迦牟尼《しやかむに》ともいうのは釈迦族の宗教的聖者（牟《む》尼《に》はムニの音写、寂黙《じやくもく》と訳し、煩悩を滅した者と解される）を意味する。ギリシャのヘレニズム文化の影響を受けて、西北インドのガンダーラ地方で仏像の制作がはじまり、当初は、釈尊を神格化した、いわゆる釈迦如来像が造型化された。

もちろん、すでに大乗仏教が隆盛におもむく過程でもあったから、さまざまな菩薩像も制作された。しかし、如来像といえば、後の密教時代におけるさまざまな種類の如来ではなく、釈迦如来に限られていたわけである。

大日如来の成立についてみる場合、まず如来の歴史的発達のあらましをうかがっておきたい。

如来は、仏の十号、すなわち①如来、②応供《おうぐ》（阿羅漢《あらかん》）、③正遍知《しょうへんち》、④明行具足《みょうぎょうぐそく》、⑤善逝《ぜんぜい》、⑥世間解《せけんげ》、⑦無上士《むじょうし》、⑧調御丈夫《じょうごじょうぶ》、⑨天人師《てんにんし》、⑩仏世尊《ぶつせそん》、のうちの最初に挙げられる。十号の起源は古く、最古層の『スッタ・ニパータ』（経集）にみえる。そこには十数回、如来の語が出てくる。

ところで釈尊を如来というのは、一回だけで、しかもこれは釈尊という特定の人物に対する呼称ではなく、理想の宗教的人物のひとりをさす語である。他はすべて釈尊じしんが理想の宗教的人物を如来とよび、ときには複数で「もろもろの如来」ともいう。「バラモンの如来」という語もあるように、すぐれたバラモンを如来という場合もある。ジャイナ教でも如来のサンスクリット語タターガタに相当するアルダマーガディー語では、タハーガヤといい、同じく修行を完成した宗教者一般を指していったのである。

いわゆる無仏像時代には釈尊の位置すべき場所には何も表現されていない。ガンダーラ仏の制作から釈迦如来が出現し、坐像は方座で螺髪形《らほつぎょう》・頂髻相《ちょうけいそう》を示し、衲衣《のうえ》姿である。印相は降魔印・禅定印・説法印、ときには施無畏・与願印。立像の場合は施無畏・与願印。後には半跏像または倚子像もつくられる。

ガンダーラの如来坐像は蓮華座も用いられ、これは蓮弁形《れんべんぎょう》の光背とともに後期密教のパーラ朝時代までも伝えられた。

大日如来が他の如来像と異なり菩薩形《ぼさつぎょう》をとるのは、一般に知られるとおりであるが、釈迦如来像に起源する如来形《にょらいぎょう》もある。金剛界・胎蔵系の大日如来はともに蓮華座（詳しくは宝蓮華座）に結跏趺坐するが、これもガンダーラの如来像の様式をふまえている。

金剛界の大日如来の智拳印は密教に特有なものだが、胎蔵大日如来の法界定印はガンダーラの釈迦如来の禅定印の伝統をそのまま踏襲している。

わが国に伝存しないが、智拳印または転法輪印を結んで師子座に坐す像容もあり、また如来形の胎蔵大日如来像も発見されている（頼富本宏博士による）。

密教の金剛界曼荼羅と胎蔵曼荼羅とにおける大日如来の起源は明らかでないが、『大日経』成立以前の大乗経典では、すでに『華厳経』にヴァイローチャナ・タターガタすなわち毘盧遮（＝舎）那如来が教主としてみえる。この経典所説の蓮華蔵世界の仏である。ただし、前述のように、『大日経』ではマハーヴァイローチャナ・タターガタ、すなわち摩訶（＝大）毘盧遮那如来である。いずれにしても、ヴァイローチャナは遍照（遍く照らすものの意）と直訳され、日（太陽）の別名だとされる。わが国で中世の両部神道（伊勢神道）の教義で天照大神と大日如来が習合し、天照大神の本地《ほんじ》つまり本体は大日であると説くのは、ともに太陽信仰的な共通項をもっていたからであろう。

インドでは、グプタ朝の四世紀ごろから、七世紀なかばごろに、『大日経』が成立する前後までの数世紀間、大智海（大いなるさとりの智慧の海）とよばれる毘盧遮那如来の信仰が『華厳経』の流布とともに行なわれていたことが知られる。

六十巻本『華厳経』および八十巻本『華厳経』（チベット訳もある）には、いずれも名号品《みようごうぼん》で、如来の名号は一万もあると説かれ、その例証のうちに釈迦牟尼《しやかむに》、毘盧遮那の名称をあげているのは興味深い。

さらに、曇無蜜多《どんむみつた》訳『観普賢菩薩行法経《かんふげんぼさつぎようほうきよう》』によれば、釈迦牟尼と毘盧遮那とを全く同格の仏身とみなして、「釈迦牟尼を毘盧遮那遍一切処と名づけ、その仏の住処を常寂光《じようじやくこう》と名づく」という。

釈迦牟尼仏すなわち歴史上の実在の人物である釈尊の存在を古い太陽信仰と結びつけるのは、すでに初期仏教以来行なわれていたのであり、むしろその信仰形態の歴史的背景は仏教興起時代の紀元前五世紀よりはるか古代に遡ることが考えられる。これに関する詳細な研究は拙著『仏教の起源』（山喜房仏書林刊、第五刷）をみられたい。

釈尊が属していた釈迦族は犁《からすき》耕作による米作を主とする農耕種族であったから、そうした種族固有の伝統的な信仰に太陽崇拝があったことは、当然、考えられよう。事実、最古の『スッタ・ニパータ』に収めてある「出家経」によると、釈迦族がスーリヤ・ヴァンサ（サンスクリット語、スーリヤ・ヴァンシャ）と自称し、太陽神の系譜をもつもの、すなわち日種であり、太陽神の親族、もしくは太陽を親族とするものを意味していたことが知られるのである。

中世のプラーナ文学には、インドの古代王朝に日種と月種すなわちチャンドラ・ヴァンシャとがあると説いているのは、きわめて古い、しかも確実な伝承によるものである。母系制社会の特色を強く残し、原初の種族的信仰が太陽崇拝であった釈迦族の土着的信仰が基盤となって、大乗仏教の時代には「釈迦牟尼毘盧遮那仏」という呼称が現われるに至ったのである。

これに関連して、もうひとつの資料をあげておきたい。

初期仏典の『ディーガ・ニカーヤ』（長部経典、漢訳『長阿含経《じょうあごんぎょう》』）に収める「帝釈所問経《たいしゃくしょもんぎょう》」に帝釈すなわち雷霆神《らいていじん》であるインドラと釈尊との問答を記しているが、そのなかでインドラ神が釈尊を讃えて次のようにいっている箇所がある。

「太陽を親族とするもので、愛欲の矢を引きぬく

無等尊・大雄者・仏陀。われは、かれを礼拝する。」

この経を漢訳した宋の法賢《ほっけん》は、これを「如来大日尊、汝に今、稽首礼《けいしゅらい》したてまつる」と訳した。つまり、パーリ語の原文の「太陽を親族とする……仏陀」に相当する部分を「如来大日尊（大日如来）」としているのである。法賢は十世紀末の人物であるから、密教時代には釈尊がすでに大日如来となっているのは、注目してよいであろう。

ヴァイローチャナからアスラへ

大日如来の原名ヴァイローチャナの語を派生したヴィローチャナはインドの大叙事詩『マハーバーラタ』では、太陽神を指し、またおそらく太陽神信仰に起源するであろうヴィシュヌ神

の一千の名のなかにもヴィローチャナがあるので、ヴィローチャナ、ヴァイローチャナが本来、太陽神信仰と結びついていたことがうかがえる。

また、同じく『マハーバーラタ』には、しばしばアスラがヴィローチャナの名で登場する。一般にヴィローチャナはアスラの王だとされる。アスラは漢字音写では阿修羅《あしゅら》、略して修羅《しゅら》ともいう。

そして、仏法を守護する天竜《てんりゅう》八部衆(天・竜・夜叉《やしゃ》・乾闥婆《けんだつば》・阿修羅・迦楼羅《かるら》・緊那羅《きんなら》・摩《ま》睺羅迦《ごらか》)のうちに数えられる。これらはヴェーダ・アリアン民族の立場からすれば、いずれも低級な神々とみなされ、すべて非アリアン民族が奉じていたものである。ちなみに、このなかの天はデーヴァターであって、神性をもったもの、神に準ずるもので、アリアン民族の信仰するデーヴァ、すなわち神とは異質な存在である。当然のことながら、アスラもまた非アリアン民族の神であることは容易に理解されよう。

わが国では奈良興福寺の阿修羅像が有名で、和辻哲郎が『古寺巡礼』で、少年をモデルにしたものと指摘したように、あどけない童顔である。が、阿修羅といえば、「阿修羅のように暴《あば》れる」という表現もあるとおり、一般の観念では醜悪な鬼神的存在である。ところで、そのようなイメージは二世紀末のシュンガ朝以後のことで、最古代のインドでは端麗な姿をした最高神であった。つまり神格が転落してしまったのである。

数千年前、アリアン民族が西北インド(現在のパキスタン国インダス河中流域五河地方)に侵入してくる以前に栄えたインダス文明を築いた五種族のうちにアスラ族があり、太陽神を祀っていた、とみられている。

さらに、『マハーバーラタ』では、アスラとしてのヴァイローチャナとアスラの子ヴィローチャナは、ともにスレーシャすなわち神々の王を意味するインドラ神の敵対者である。バラモン聖典『アタルヴァ・ヴェーダ』では両者を並挙するのみで闘争物語は伝えないが、以後、仏典をもふくめたインドの多くの文献には、ヴィローチャナ、ヴァイローチャナとよばれるアスラとインドラ神との戦いは、繰り返しさまざまなかたちで語り伝えられ、詮ずるところ、インドラ神の勝利に終る。

たとえば、『シャタパタ・ブラーフマナ』の他、『アタルヴァ・ヴェーダ聖典』に属するペルシャ語訳ウパニシャッド哲学書の『シャヴァンク・ウプネカット』などのバラモン聖典、初期仏典の『サンユッタ・ニカーヤ』(相応部経典)の有偈品《うげぼん》などがある。それらによると、最初はアスラが勝利を得たが、最後には神々がアスラを征服したことになっている。『サンユッタ・ニカーヤ』にみえるインドラ神とアスラとの戦闘物語と内容的に密接な関連をもつ神話的哲学説が『チャーンドーギヤ・ウパニシャッド』に認められる。このウパニシャッドは仏教が興起する以前に成立した古期ウパニシャッドに属するもののひとつである。

その第一篇第二章に「生主(プラジャーパティ、あらゆる生きものの主の意)の子孫である神々とアスラたちが戦ったとき、神々はウドギータ(高唱の帰敬語オーム)を唱えた」といって、神々とアスラとの戦いにまつわるブラーフマナ的な伝承を語る。そして、第八章で次のような両者の興味深い論争を伝えている。

生主（プラジャーパティ）の前で、神々を代表してやってきたインドラ神とアスラの代表者であるヴィローチャナとが、アートマンすなわち真実の自我とは何かについて論争をはじめる。まず、ヴィローチャナは、実際にわれわれがこの目でみることができる人間こそがアートマンである。水に映ったり鏡に反映するもの、美しく飾って水をのぞきこめばそのとおりに映し出されるもの、そのようなものこそ不死であり、畏れなきもの、絶対者としての梵《ブラフマン》であって、それこそがアートマンにほかならない、と説いて立ち去ってしまう。

いっぽう、インドラ神は、アスラが主張するような、アートマンを身体我だとする見解は下劣で、真実のアートマンは、肉体とは別個な精神的な存在にほかならないと反論する。けっきょく、インドラ神の主張が承認されて、勝利の判定が下る、というものである。

アスラが身体我こそアートマンだとするのは古い唯物論者が説いていた立場と共通するのであり、後に釈尊がアートマンという形而上学的存在としての自我を退け、さらに仏教で無我を立場とするに至ったのと軌を一にするといえよう。前述のように、釈尊も唯物論者もがアスラと称するのも、バラモン教で説くアートマンの存在を排除したり、あるいは否定したからかもしれない。

インドではヴェーダ聖典の権威を全く承認せず、神々の存在を否定して無神論を標榜するものをナースティカ（無いとする者の意）とよび、バラモン教側の宗教、哲学を奉ずる者をアースティカ（有りとする者）とよび慣わしている。ナースティカを代表するのは唯物論者、仏教徒、ジャイナ教徒である。

要するに、初期仏教で、釈尊をアスラと呼ぶのは非アリアン的立場からの尊称であり、またインドの古文献でしばしば唯物論者《チャールヴァーカ》たちをもアスラというのは、アリアン的な、つまり征服民族の階級的立場からの蔑称である。

さきの『チャーンドーギヤ・ウパニシャッド』で、ヴィローチャナがこの目でみることができる人間がアートマンで、それは水に映り鏡に反映し、またそうしたものこそ不死である云々と語っているのは、後代の密教ときわめて密接な思想的連関があり、興味深い。

アスラから大日如来へ

密教では即身成仏《そくしんじようぶつ》の実現を実践目標とする。たとえば『大疏』によると、「我即大日《がそくだいにち》」の真理命題を説く。自己自身がすなわち大日如来であるというのである。さらには、「入我我入」を説く。われと大日如来との一体観を深める瞑想であって、大日如来がわれに入り、われが大日如来に入って、両者が一体不離の融合の境地に達するという意味である。いずれにしても、この現世において自己の肉身さながらに大日如来という絶対者の宗教的人格体を完成するのであって、密教で仏位にのぼる灌頂《かんじよう》の儀式において、そうした自己自身は阿闍梨《あじやり》から即身成仏の証《あか》しとして五仏の宝冠を頭上に頂き、授かった鏡に、みずからの姿を映し見る。これはまさしく、鏡に反映した真実の自己をアートマンとしてみることができるというアスラのアートマン観にほかならないわけである。即身成仏あるいは現身成仏は思想的起源をここに見出すことができるように思われる。

さらに、叙事詩『マハーバーラタ』では、アスラがヴィシュヌ神と同格であるのは、本来、ヴィシュヌは非アリアン系の神で、その発生起源はさだかでないが、太陽光線を神格化したものであるとみられるので、当然のことながら、ヴィシュヌとアスラとが結びついたと思われる。

後期グプタ朝の六、七世紀ころに現在の形が成立したとみられるヒンドゥー教の聖典『ヴィシュヌ・プラーナ』は、内容の資料的ソースは一、二世紀ころまで遡るとみられ、最古のプラーナ聖典のひとつで、ヴィシュヌ神を主題とする。このなかにヴィシュヌ神のアスラ征服物語がある。

これによると、仏教の開祖仏陀は幻影《マーヤー》によって欺瞞する者であり、悪魔であるアスラをそそのかして、こともあろうに神々に戦いをいどんだのであった。つまり、アスラの背後には仏陀が存在する。ここでも、釈尊仏陀とアスラとを同類のものとみなしていることが知られる。

さて、アスラは神々を打ち破った。しかし、最後には神々はヴィシュヌ神に援助をもとめて、アスラ＝仏陀を征服した。

幻影をもって欺瞞する者すなわち仏陀といえども、けっきょくはヴィシュヌ神の身体から生じたものであって、この神の化身なのである。つまり、ここでは仏陀はヴィシュヌ神の分身的な顕現であるから、ヒンドゥー教ヴィシュヌ派ではヴィシュヌ神が十種に化身するうちの第九番目は仏陀だということになっている。右の物語では化身仏陀をヴィシュヌ神の最高の神々に与えたのであった。したがってヴィシュヌ神をアスラ（＝仏陀）とも呼ぶゆえんである。『ヴィシュヌ・プラーナ』がアスラの背後にアスラの王ともいうべき仏陀を説くのは、アスラの王がヴィローチャナあるいはヴァイローチャナであるという古代文献の伝承を蘇らせたとみることができるわけで、また仏教の毘盧遮那仏の出現をすでに予想させるものがあるようにも考えられるのである。

ヴァイローチャナとしての仏陀は、密教ではもちろん大日如来である。多くの密教経典ではヴィシュヌ神は大日如来の化身となっているので、ヒンドゥー教の場合とは正反対の関係にある。

いずれにせよ、アスラとインドラ神との対立闘争については、筆者の見解によれば、インドラ神はアリアン民族もしくはアリアン文化を代表するのに対し、アスラは土着原住の非アリアン民族もしくは非アリアン文化を代弁しているものであって、それは異民族間の文化闘争という史実を神話の様式で語り伝えたものである。ひとたびはアスラがインドラ神に打ち勝ったのも、アリアン民族がインドに侵入してきた当初、インダス文明の非アリアン民族に撃退されたことを伝えているようにも思われる。インドラ神は若い英雄の姿をとり、アリアン民族の理想像とされた存在である。

最古のバラモン聖典『リグ・ヴェーダ』によれば、アスラは、最高神である天空神（ヴァルナ）、あるいは蒼空神（ディヤウス）、暴風雨神（インドラ）など、一連の天空に関する神々を指している。これはアスラの原初的な神格形態を残している証左だといえよう。

とくに、神々のなかでも、太陽のように輝く存在であり、かつ雷霆をつかさどるルドラ神はアスラを代表するとみられている。後代になると、ルドラは同じく非アリアン系の神、シヴァ神と結合し、ルドラ＝シヴァの神格ができあがる。アスラの最古の起源は、最古代ペルシャの聖典『ゼンド・アヴェスタ』に光で表徴される「アウラ・マズダ」であった。最高の神格を有し、善の神でもあるアウラ・マズダはインド・イラン共住時代を経て、インド・アリアン民族の間では、当初、同じく天空に関する神であり、光の神であって、けっして悪魔ではないところのアスラであった。アウラがアスラになったわけである。マズダはマツダ・ランプの商標のそれ（マツダ）で、光を意味する。

以上、ヴィローチャナ、ヴァイローチャナ＝アスラ→釈尊＝毘盧遮那→大毘盧遮那如来（大日如来）の系列を辿ってみた。これらに共通していえることは、アウラ・マズダ神以来、大日如来まで、一貫して最高神格をもった尊格であるということであろう。

大乗仏教の発展とともに数限りない仏菩薩などの尊格を生み、あるいは明王部の諸尊や仏法守護の天部の諸尊その他が現われた。時代とともに、これらの多仏多尊信仰を調整する必要にせまられた。多様化と統合化との反覆がインドの思想文化の歴史を形成してきたが、その一環として、絶対仏ともいうべき大日如来の一尊によってあらゆる諸尊がもののみごとに総合的に統一されたわけである。

それを表わすのが密教の曼荼羅である。たとえば、大日如来が展開顕現した胎蔵曼荼羅の外《げ》金剛部院《こんごうぶいん》のなかには、アスラ、ヴィシュヌ神、ヴィシュヌ神妃、シヴァ神、インドラ神なども他の神々とともに、ことごとくが大日如来の化身として位置している。

このようにみてくると、大日如来の一尊には仏教とヒンドゥー教（バラモン教）とを一種弁証法的に止揚したもの、いわば曼荼羅の論理ともいうべきものが具現されているのである。

本稿は朝日新聞社刊『密教美術大観』第二巻所収の拙稿「密教如来像の成立」一八一〜一九一頁を参照して執筆したものである。なお、アスラ（阿修羅）と神々との闘争物語については拙著『インド古典論上』（筑摩書房刊）所収の論文「アスラからビルシャナ仏へ」に詳細にのべてあるので参照願えれば幸甚である。

大乗仏教にみる奇跡

仏教に奇跡はあるか

奇跡・超能力に相当する仏教語に、神変《じんぺん》、神通《じんずう》、神力《じんりき》などがある。神変は神変化《じんへんげ》、略して神《じん》または変《へん》ともいい、神通は神通力、略して神力、通。神力は威神力ともいう。このように漢訳語は多種多様であるが、サンスクリット語のリッディ（ṛddhi）の訳語は神通または神力で、超自然的能力、同じくプラーティハーリヤ（Prātihārya）は神変で奇跡を意味するから、厳密にいえば、両語は区別されるが、混用される場合が多い。

要するに、本来は仏菩薩などの不可思議な力、超人間的な、もしくは超自然的な能力、いわゆる超能力およびその結果としての不可思議な現象、つまり奇跡＝超常現象をさす点には変りない。

また、キリスト教でいう奇跡に近い語に奇特がある（鈴木正三『破吉利支丹』など）。さらに、神仏の霊妙なはたらきを表わす語に霊験《れいげん》、功験《くげん》、験《げん》などがある。

釈尊は成道のとき三明《さんみょう》に達したと伝えられる。三明とは不可思議な超人間的能力で智慧のはたらきである。第一の宿住智《しゅくじゅうち》はあらゆる生きとし生けるものの過去からの生涯をことごとく見透す智慧、第二の死生《ししょう》智は未来のあらゆる生きとし生けるものの死生のさまを明らかに知る智慧、第三の漏尽《ろじん》智は漏尽すなわち悟りの智慧である。これらは後の発達した仏教における奇跡・超能力の原型になっている。

いずれにしても、釈尊は一般的にはいたずらに超能力を発揮して奇跡を現じるのを厳しく誡めた。そして、ただ教誡神変（後述）のみを推奨している。初期仏教より大乗仏教、さらには密教に至るまで、教誡神変以外の超能力、奇跡は、たとえ存在するにせよ、本質的なもの、第一義的なものとはみなされない。ことに大乗仏教、密教では、一般的な意味での超能力すなわち仏教以外の諸宗教などに認められるような超人間的能力や超常現象をはるかに越えたものが如来の大神変だ、と説かれている。いわば真の超能力をもつ者は、如来なのである。

また菩薩は、人びとや生きとし生けるものを教え導き救うためにのみ、方便として超能力を用い奇跡を現じることも認められる場合がある。

したがって、密教をも含めた大乗仏教の立場からすれば、奇跡・超能力の存在を認めるか、これを否定するか、ということではない。

当然のことながら、鬼面人を驚かすような超能力の発揮とか奇跡を人にみせつけることを目的とするような一切の行為が邪道であることはいうまでもない。このことは、禅家が「仏法に不思議なし」と言い放つのに端的に表わされていよう。

三種神変とは

初期仏典のひとつの『堅固経』によると、解脱《げだつ》こそ仏教の最高理想で、神変のごときは人びとを教化するための一方便にすぎず、解脱の理想とは直接何らの関係もない、とする。

ある時、釈尊はナーランダーのパーヴァーリカ・アームラ園に住していた。在家のケーヴァッタが、釈尊にむかって、「誰かひとりの比丘《びく》に超人間的能力を発揮するように指示して下さい。そうすれば、ナーランダーの市民たちは釈尊をますます尊敬するでしょう」と、三たびお願いしたが、釈尊はこれを断わった。

釈尊は「わたしは三種神変を知り体現し教説する」といって、神通神変・観察他心神変・教誡神変について説いた。神通神変とは超能力を発揮してどんな場所にも出没するものであり、観察他心神変は同じく超能力によって他の者の心を知ることであり、教誡神変とは人びとを教化するために教えを説くことである、と。

ある比丘で、さまざまな神通神変を行なう者がいた。ひとりの信仰を得た帰依者がそれをみて、まだ信仰を持たず帰依していない者に驚いて話した。すると、その人は、それはガンダーリという呪文を用いたのだ、といった。

釈尊は「そのような神通神変は禍《わざわ》いを生ずるから退けるべきである。わたしにはそれは幻のように思われる」といった。

観察他心神変に関しても例話があり、まだ信仰を持たず帰依していない者は、それはマーニカという呪文を用いたからだ、といった。

釈尊はこの神変も退けた。そして、教誡神変のみを讃えてこれを認めた。すなわち、信仰の篤い立派な者が精進努力をかさねた結果、その人自身が思いもかけぬような能力を発揮することがある、これが教誡神変だ、と説いたのであった。

これらの神変がもとになって、大乗仏教の経典論書には三種神変を説く。三種神変は三示現・三示導などともいわれ、訳語は経典などによって若干異なるが、たとえば『大宝積経《だいほうしゃくきょう》』巻第八十六「大神変会《だいじんぺんね》」によると、①説法神変、②教誡神変、③神通神変である。如来の身《しん》・口《く》・意《い》の三業《さんごう》にあてはめると、神通は身体のはたらき、教誡は言葉のはたらき、説法は心のはたらきになる。またこれを古代インドの理想の帝王である転輪聖王《てんりんじょうおう》の持つ輪宝《りんぽう》にたとえると、神通輪・教誡輪・憶念輪とよぶ。

「大神変会」をうかがってみよう。

釈尊が舎衛国《しゃえいこく》祇樹給孤独園《ぎじゅぎっこどくおん》に住していた時のこと。多くの仏弟子とともに文殊菩薩と商主天子もいた。商主天子が「釈尊よ。如来は常にどれだけの神変をもって人びとを調《ととの》え伏《ふく》されるのでありましょうか」と尋ねた。

釈尊は、天子に告げていった。

「わたしは三種神変をもって人びとを調え伏すのである。説法神変はあらゆる人びとの心のはたらきの違いをみて来世、現世を問わず碍《さわ》りなき智慧によってことごとくを知って教えを説く。教誡神変は、持戒の者にあらゆるさまざまな教えを説き示すものである。

神通神変は、おごり高ぶる人びとを調え伏するためのものである。たとえば、一身を現じて、しかも多身となし、あるいは多身を現じて、しかも一身となし、山崖、牆壁《しょうへき》に出入すること自在で、身上に火を出し、身下に水を出し、身下に火を出し、身上に水を出し、地に入ること水のように、水をふむこと地のように、日月の威徳も手によって消滅し、あるいは大身を現じて梵天の世界に至り、乃至《ないし》、広大にして遍く三千大千世界を覆《おお》い、随所に応じて人びとを調え伏する。」

ところで、文殊がこれら三種神変より勝れたさまざまな大神変について、釈尊に語る。商主天子は、「では、あなたの説くように、一切の真理の教えのあらゆる言葉において、ことごとく神変であるか」と問う。文殊は「そのとおりである」と。そして、文殊は、たとえば三千大千世界の四大海を掌中に置いても、水性の生きとし生けるものは戯れ動くことなく、如来は三千大千世界を口中に入れても四天下はさまたげることなく、日月の光明もまたおおいかくさず、もとのとおりにあり、その中の生きとし生けるものもまた、往来、方角、場所を覚知しなくても、これらの神変はとりわけ勝れたものでない。如来の説法こそが大神変である、という。すなわち三種神変のうち、もっとも勝れたものは教誡神変だとする。神通神変は高ぶった人びとを制するために如来が現ずるものである。

菩薩の六神通・十種神通

また、大乗経典には五神通または六神通が説かれる。これは仏菩薩などがそなえ、または特殊な修行者がもち得る超自然的超人的な能力である。六神通とは次のものである。

①天眼通《てんげんつう》　通常人の目にみえぬものをみることができる能力。

②天耳通《てんにつう》　通常人の聞き得ぬ音声を聞くことができる能力。

③他心通　他人の心を知ることができる能力。

④宿命通《しゅくみょうつう》　生きとし生けるもののあらゆる過去の出来事を知ることができる能力。

⑤如意通（神境通・神足通などとも）　どこにでも自由自在に往来することができる能力。

⑥漏尽通《ろじんつう》　煩悩を滅したところの悟りの智慧という能力。

右のうち⑥を除いたのが五神通。④⑥はさきの三明のうちに数えられる。このうち、①から⑤までは仏教以外の諸宗教、とくにヨーガ学派の超能力と共通するものがあるが、⑥の漏尽通は仏教だけが説くところのものである。

『大智度論』巻第二十八には菩薩の神境（智）について飛行《ひぎょう》・変化《へんげ》・随意自在《ずいいじざい》の三種の別があるという。飛行は空中を自由自在に飛びかけめぐることで、六神通のうちの⑤如意通におさめる。変化は種々にすがたを変えて現われること。随意自在は心の思いのままに自由自在に振舞うことで、ヨーガ学派で梵天から草に至るまで思いのままに立ち、坐し、住することができるという随意住に相当する。そして、六神通のうちの第六漏尽通は学ぶべきものをきわめた聖者のみが得るが、他の五神通は欲望の世界を越えて清らかな物質から成り立つ世界に到達する四段階の瞑想によって起こる超能力であるから、前述のように仏教以外の諸宗教の者、一般人でもこれを獲得することができるのだとしている。

羅什訳『法華経』には如来の超能力を讃嘆している箇所が随所にみられ、たとえば「如来寿量品」には如来秘密神通力を讃える。また「妙荘厳本事品」にも如来の神変のはたらきを詳説する。

さらに、『法華経』「如来神力品」には如来の超能力を神力（リッディアビサンスカーラ ṛd-dhyabhisaṃskāra）といい、次のように如来の大神変をのべている。

「諸仏救世者　大神通に住して　衆生《しゆじよう》を悦ばしめんが為の故に　無量の神力を現じたまふ。舌相梵天に至《いたる》より　身より無数の光を放つて　仏道を求むる者の為に　此の希有《けう》の事を現じたまふ。」

八十巻本『華厳経』巻四十四「十通品」には菩《ぼ》薩《さつ》摩《ま》訶《か》薩《さつ》の十種の超能力（神通、通）を挙げている。これは古く『大毘婆沙論《だいびばしやろん》』にみえるが、大乗仏教の立場でアレンジされているので、左に掲げてみよう。

(1)他心智神通。この全世界のすべての人びとの心の差別を知ることができる超能力。
(2)天眼《てんげん》智神通。無数の世界のあらゆる種類の人びとをみることができる超能力。
(3)宿住智神通。無数の世界のあらゆる人びとの過去における限りない、説き得ないほどの長い時間のあいだの生涯の事を知ることができる超能力。
(4)知《ち》尽未《じんみ》来際劫《らいさいこう》智神通。未来までの限りない時間の果てまでの出来事を知ることができる超能力。
(5)無《む》礙清浄天耳《げしょうじょうてんに》智神通。この世界のあらゆる音声を自由自在に聞くことができる超能力。
(6)無体性無《むたいしょうむ》動作《どうさ》智神通。遠くにある一切の世界の諸仏の名を聞いただけで、身体は仏の住する所にある。すなわち身体・動作を用いずしてそのまま一切仏国土におもむくことができる超能力。
(7)善分別言音《ぜんふんべつごんのん》智神通。無数の世界の中にいるあらゆる人びと、生きとし生けるものの種々の言葉をすべて知ることができる超能力。
(8)色身荘厳《しきしんしょうごん》智神通。無数の色身すなわち肉身を出生してみごとに飾ることができる超能力。
(9)一切法智神通。人びとの心にしたがって、あらゆる事物を雨とふらすことができる超能力。
(10)滅定《めつじょう》智神通（入一切法滅尽三昧《にゅういっさいほうめつじんざんまい》智神通とも）。あらゆるものに関して心の思いがことごとく滅んでなくなる瞑想に入ることができる超能力。

これについて、「一切衆生を利《り》益《やく》せんと欲するがために神通神変して休《く》息《そく》することなし。たとえば光影の普く一切を現ずるが如くにして、三昧《さんまい》（＝瞑想）において、寂然《じゃくねん》として動ぜず」という。

これらの菩薩の十種神通は、他のいかなる者も思議することができない。このような神通に達した菩薩の身体のはたらき・言葉のはたらき・意《こころ》のはたらきは、いずれも不可思議である。

さとりの智慧こそ超能力

要するに大乗仏教に一貫して認められる菩薩の超能力の発揮は、あらゆる人びと、生きとし生けるものの苦を救うためであって、慈悲の心を起こすことが大前提となっている。この点が見失われるならば、仏教以外の諸宗教などで説く超能力と何ら変りがないことはいうまでもない。たとえば、さきにのべた三種神変のうちの神通神変にせよ、超能力によってさまざまな不可思議な現象を現ずるのも、大乗仏教では、高ぶり、思いあがった者を制するためであって、それ以外には用いてはならないことになっている。

真言密教を一名神通乗ともいうのは、如来神変の不可思議な力のはたらき、すなわち加持力によって説かれている教えという意味である。そのことは、『大毘盧遮那成仏神変加持経《だいびるしゃなじょうぶつじんべんかじきょう》』（『大日経』は通称）の経題が明白に物語っているといえよう。したがって密教では神変は全く大日如来に限っていわれる。この点に関して、空海は『大毘盧遮那成仏神変加持経因陀羅王』すなわち『大日経』の経題について『大日経開題』（法界浄心）で解説するうちで、神変について説く。

「神変とは、測ることができないのを神といい、常に異なるのを変と名づける。すなわち、これは心のはたらきである。始めと終りとを知ることが難しい。三種類の普通の人間は認識することができない。十地の聖者(1)もまだその限界を知らない。ただ仏のみがよく知ってよくなしたもう。だから、大いに不可思議なる変化という。この不可思議の変化ははかることができず限ることもできない。

大きく分類して四つとする。第一は下方に転ずる不可思議なる変化。第二は上方に転ずる不可思議なる変化。第三は上に昇り下に降りるもの。第四は上にも昇らず下にも降りないものである。（中略）

上でもなく下でもない不可思議の変化とは、作られたものでもなく作られないものでもない一心という本源的な存在と、二つではないもの（対立を超えたもの）の中のさらに二つではない本源的な存在とは、もろもろの迷いの議論を越え、もろもろの相対的思考を絶している。考えることが困難であり、変化が現われてくる根源である。それゆえ、上でもなく下でもない不可思議の変化をいう。」（『弘法大師空海全集』第三巻　一三〜一四頁）。

以上みたように、初期仏教における釈尊の超能力を原型《プロトタイプ》として、大乗仏教に至ると如来の超能力ともいうべき大神変と菩薩の超能力すなわち神変が説かれるようになり、この点は密教においても同様である。そして、大小乗を通じていえることは、何らの目的もなくいたずらに超常現象を大衆に見せびらかすことを厳重に釈尊が誡めたように、悟りの智慧である漏尽智を真実の超能力と認めたことである。また、仏教と仏教以外の（インド）諸宗教、哲学との相違点を漏尽智が問われるかどうかの点にあることも十分にわれわれは認識しなければならない。さらに超能力をはるかに超越した真の超能力、つまり大神変を示すのは如来のみなのである。

（1） **十地の聖者**

十地菩薩のこと。十地は菩薩の修行の最高段階を十に分類したもので、十地の境地に至った菩薩は最高の聖者である。しかし、そのような聖者ですらも如来の神変をうかがい知ることはできないというのである。

原始信仰の残滓

「タタリ」というのは、普通、罰《ばち》、障《さわり》などというのと同義語である。一口に霊というが、神霊《しんれい》(神仏霊)、怨霊《おんりよう》の他、動物霊・通り神・妖霊《ようれい》などの下等霊がある。船霊《ふなだま》や竜神、あるいは特定の事物——たとえば石、樹木、剣など——にも霊がこもっているとみられる。「タタリ」は折口信夫によれば、「立ち有り」が語源で、神の示現を意味するという。

これは霊のとがめを受けて、何らかのかたちの処罰を受けるという信仰であるから、とがめを受けるわれわれ人間のサイドからすれば、禍《わざわい》とか罰として現象する。だから、タタリのことを科《とが》ともいうのであると思われる。

実際には非日常的な出来事、つまり「あってはならないこと」が突発的に起こった場合などに、タタリと結びつけられる。たとえば、原因不明の病気、急死、狂気、その他常識的に説明できない——と思われる——ような現象や出来事が、それである。凶作、流行病、不漁、その他の災禍の続出などのような社会集団全体の安全をおびやかすような異常事態なども、しばしば、何らかのもののタタリと解される場合がある。

簡単にいってしまえば、こうしたタタリの信仰はきわめて素朴な原始信仰の残滓である。たとえば樹木とか石、山、川などに霊があるというのは、アニミズムである。そうした霊がわれわれに災禍を与えると信じられるわけである。

まず仏教の根本的立場からみよう。

周知のとおり釈尊は無記答（無記）を、ひとつの解答とされた。たとえば、死後には肉体は滅んでも霊魂（霊・精神）は不滅であるか、あるいは肉体とともに霊魂もすべて消滅するかといった問いに対しては、すべて沈黙する。この場合、沈黙がたいせつな解答になっているのである。つまり、われわれの経験的認識の及び得ないような形而上学的問題に対しては釈尊はことごとく答えを出さない。これが無記答である。

この世界はいったい有限であるか無限であるか、霊魂（霊）は存在するか存在しないか、というような問題もすべて解答を出さない。なぜかというと、こうした問題をどんなに追究してみたところで、現前直下の人生の問題、自己自身の救いには何ら益するところがない、と釈尊はみていたからである。

いわんや、無我を説き、空の世界に徹する仏教からすれば、タタリ信仰などは論外である。

仏教はわが国に渡来して、仏が神に同化し、やがて神仏の信仰を生んだ。神仏霊といった観念や、いわんや仏霊のタタリといったことなどは、本来の仏教と何らの関係もない。

原始未開時代ならいざ知らず、二十一世紀に近い科学技術文明の時代に生きる現代人のわれわれは、さまざまな非日常的な異常事態は目にみえない何らかの霊のタタリだといって、自然界の因果律を無視したような非論理的思考には、およそくみし得ないことはいうまでもないであろう。

しかし、である。科学には常に限界がある。現代医学では説明できない異形《いぎょう》の死というものをとりあげてみても、何かがあったのではないか、と思う。「弱り目にタタリ目」という諺のとおり、人間の心情は弱いものである。非論理的な思考で科学的認識の限界を補完しようとする。現代人の深層心理のなかには、今なおアニミズム的信仰、タタリ信仰が根強く生き残っているゆえんではないかと思われる。

近年、わが国には、さまざまな災禍が起こるのは先祖供養を怠ったために先祖が罰《ばち》をあてたのだと説いたり、霊障とか守護霊といったことを表看板にしている宗教もある。霊障というのは霊の障すなわちタタリという意味の新造語であろう（この語は『広辞苑』にもない）。

親が子供を思うと同じように、祖先も子孫を守護こそすれ、子孫に罰をあてるようなケチな祖先は一人もいないであろう。何もかも霊障に原因をもとめて災禍を消除すべしと説きすすめるのは、宗教ではなく呪術のやることである。いわゆる霊能者による祈禱や祓《はら》いなどは、それ自体、呪術的行為である。

科学技術が高度に発達している現代社会で、タタリ信仰が今や大流行である。霊感商法なるものに人びとは弱い。

生・老・病・死の四苦は人間が存在することの証《あか》しでもある、と筆者は思う者である。人間存在の有限性、矛盾性は科学技術の発達とさして関係ない。だからこそ、四苦に対してタタリ信仰が盛んであり、それを売りものにし食いものにした巨大宗教団体が華やかに栄えてゆく風俗は、病める現代社会を象徴しているように思えて仕方ない。

タタリを離れて先祖供養をし報恩謝徳のまことをささげるのは、よいことである。さまざまな非日常的異常事態を反省し懺悔し、さらには功利的動機とは関係なく感謝、報恩の行為を何らかのかたちで表現するのは、すばらしいことである。人間存在の危機的状況が密教でいう方便門としてはたらくならば、そこから真実門すなわち真正の信仰がひらかれてくるにちがいない。もとよりそれはタタリ信仰とは異質なものである。

密教の神秘思想

宗教における絶対的なるもの

密教の神秘思想を考えるとき、「密教」すなわち「神秘思想」ということにはならないだろうと思うが、非常に神秘主義的な色彩の強い要素が密教の中核をなしているということは、疑うことのできない事実であろう。

ところで、「神秘思想」とは、一体どういうものであるか、ということになると、かなり漠然としているような感じがする。

まず、「神秘」ということばだが、これはかなり古い日本語のようである。室町時代に編集された『日葡《にっぽ》辞書』には、ローマ字で発音記号が出ており、「シンピ」と読まずに、「ズィンピ」というように読んでいる。「ズィンピ」ということからすぐに思い浮かべられることは、密教のことばの「深秘」、浅略に対する深秘ということばである。神の秘するという用語が、いつごろから使われるようになったかはともかくとして、まず深秘という密教の専門用語に接近した概念内容をもっているのではないかと思う。

私たちは、「神秘的」ということばを日常よく使うが、要するに、人知を超えたところの、ある不思議な現象などを神秘的なことであるといっている。また、非常に神々しいというか、そういう畏敬の念にうたれる場合には、やはり神秘的であるというふうにいう。要するに、人間の理性的判断を超えたところのもの、あるいは理性的判断では計ることのできないものを、神秘的というようにふつう言っている。

宗教的に非常に感動を受けた時には、自然に心が引き締まって、自分じしんが新しく蘇るのではないかというような感じをもつことは、日常において経験することである。「聖なるもの」にふれる、あるいは「聖なるもの」をみるというような情感的な表現であるが、絶対なるものに遭遇した時には、そういう神秘体験というものを体験し得るのではなかろうか。

西行法師が伊勢神宮に参拝した時によんだ「何ごとのおはしますかは知らねども、かたじけなさに涙こぼるる」という詠は、よく人口に膾炙している。伊勢神宮に参拝して、荘厳な雰囲気に包まれると、自《おのず》からして神秘なるものにふれる、「聖なるもの」を直に感得するような感じにとらわれる。それを非常に巧みに西行法師は詠んでいると思う。

現代は、近代合理主義の延長線上にあって、どちらかというと、非合理主義的な神秘主義というようなものは、むしろ理性主義とか合理主義の立場からすると、排除するような傾向が強いように思われる。しかし、現代の自然科学の発達、また技術の発展によって、科学技術文明が非常な速度をもって進展しているが、そういう中にあって、私たちは、はたして理性だけで生きていくことができるかどうかという疑念が生じている。あるいは理性主義とか近代合理主義というものの限界に対する自覚が、非常に大きな人類の危機意識として現われてきているように思われる。そういうことに問題意識をかかわらせて、「密教の神秘思想」を少し考えていきたい。

少し専門的なことばを使わせていただけば、「最高実在」ということばが宗教学の方で用いられる。インド哲学でも「最高実在」ということばを使う。その「最高実在」というのは宇宙の究極的実在とでも言うべきものである。インドの哲学でいえば、ヴェーダーンタ哲学の「ブラフマン」（梵）などがまさにそうだと思う。あるいは、「絶対なるもの」、「絶対者」、そういったものはすべて最高実在というように、まとめて言うことができる。

「最高実在」を、一つの宗教的な人格として捉えた場合には、「絶対なるもの」、「絶対者」というように呼んでいるが、神秘体験とは、その絶対者をまさに絶対性のままに、自分の内面において直接体験するということである。それが、神秘主義の、宗教学で一般に捉えているところの基本的な規定のようである。そして、そういう直接体験によって、自分というものが真の自己になるという立場であると一般的に規定している。そういうことを踏まえていえば、神秘主義の思想の最大の特徴は、絶対者と自己との神秘的な合一体験（unico mystica）ということである。

この点について、密教ではすばらしいことばがある。私たちは、それを「入我我入」と言っている。

「入我我入」というのは、インドの言語でいうと、サンスクリット語のデーヴァターヨーガに当たる。それは本尊である大日と自己とが融合するということで、まさに自我を破って真の自己を確立するという意味である。訳語としての「入我我入」というのは、密教の神秘体験そのものの要素を巧みに表現している。

そういう神秘思想の中核をなす神秘的な合一体験において、絶対者というものは、一体どういうものか、ということを最初に少し考えてみたい。密教でいえば、「法身大日如来」であるが、その法身大日如来と自己とが一体になる場合、その絶対者というものは自分とは確かに違っているものであり、他者性というか、それは自己を超えたものであり、超越的な存在である。また同時に、自己に内在しているものでもあるから、絶対者という内容について反芻してみれば、直ちに理解できるように思う。

一般の宗教的な概念でいうと、そういう絶対なるものというのは、いわゆる「俗なるもの」に対する「聖なるもの」である。絶対者に触れる、あるいは絶対者を見るという合一体験、むしろ絶対者そのものが自己において実現されるという宗教体験においては、まさしく俗なる自分が聖化するということである。そういう俗と聖との関わり合いというものは、神秘主義の思想において、非常に大事な中核であろうと思う。それを、一般的には、自己が真の自己になるというような言い方をしている。

それでは、その絶対なるものというのが、私たちにとって、どうして措定されるのであろうか。それは自分というものの深い認識過程において、自己を超えるところのものとして措定されるのである。私たちは有限にして相対的な存在であるが、そういう有限性、相対性を超えたところの無限性、絶対性、あるいは現実の俗なる世界が矛盾に満ちているとするならば、その矛盾を超えたところの、非矛盾性といったようなものが、逆に措定されているという自覚において、絶対なるものがまさに措定されると思う。

いまいった無限なるものというのは、もちろん超越的であり、同時に内在的であるが、哲学の概念規定では、絶対者として捉えているのである。したがって、哲学用語でいうと、それは、外延的な存在ではなくして、内包的な存在であるということで、これはまさに哲学においても、絶対者を規定する場合の非常に大事な点である。

要するに、自分自身の存在というのは弱い存在であって、そういう自己認識が深まってくると、そういう自分というものを逆限定している存在、つまり、絶対者という呼び方で呼んでいる無限なる存在となって、自《おのず》からして要請されるものである。だから、絶対者が存在するかしないかという議論以前に、私たちは深い自己認識において、絶対者というものを自《おのず》からして要請せざるを得ないということである。

内在的な点からすれば、自己の存在というものは、絶対者による自己限定であるというような言い方もできるかと思う。またそれを別のことばで言い換えると、超越的な存在である絶対者と自己とが一体になることである。先ほど述べた入我我入においては、絶対的な存在そのものとなるわけである。絶対者がすなわち自己であると自覚することを神秘思想と呼ぶならば、密教の入我我入は最も典型的なものとして現われていると理解することができよう。

有限な自己が無限の存在者であるところの絶対者に触れる、あるいは絶対者となるという、そういう意味において、私たちは逆に絶対者に摂取され、吸収されてしまうあり方というものがあり得るわけで、もちろんそういうひとつの宗教的な過程というものがある。

神秘体験の過程においては、自力すなわち他力であって、如来加持力をいただくという場合に、その如来加持力は、絶対者の方から私たちに力が加えられるわけである。そういう意味では他力救済的な面があるが、しかし、いわゆるアディシュターナ（加持）を自分がいただくという立場からすると、他力は同時に、絶対の自力でもあろう。そういう関係は密教において非常に明確に認められる。

絶対者が自己において実現される、つまり自己が真実の自己になるということは、ことばの真の意味における自己解放である。それはインドのことばで言えば、モークシャ（解脱）ということばであろう。これは神秘主義の立場において捉えられるものであり、ただ今述べた、他力の救済である。浄土教でいう他力本願による摂取というのは、自己が絶対者に摂取されるわけである。

それは自己解放に対して、むしろ自己解体というべきものである。これはインドのことばでプラサーダといい、神の恩寵ということが、ヴェーダーンタ哲学のラーマーヌジャ等によって説かれている。そういう場合は、絶対者の中に自分が摂取されていき、結局、絶対者と自己が同じになるまで、その自己は限りなく吸収されていく。

神秘主義思想の流れ

さて、話を元へ戻せば、神秘主義というのは、普通、英語で「ミスティシズム」と言われるが、「ミスティック」ということばは、ギリシャ語の「ミスティコス」から来ている。ギリシャ語の元の意味は、「目を閉じる」あるいは「口を閉ざす」ということで、普通、自分の肉眼で外界の事物を見ているが、「目を閉じる」ことによって、その目が今度は、自分の内面の世界の方へ向けられて来る、そのため、今まで見えなかった世界が見えてくる。

私たちは、日常、ことばをたえず話しており、口からことばを出さない場合でも、たえず物を心の中で考えている。物を考えるには、すでにことばで考えており、私たちは生きている限りにおいては、ことばから絶対に離れることができない。「口を閉ざす」ということは口から出すことばを一応閉ざしてしまうことによって、内面のことばが、そこに感知されるということである。神秘主義ということばの一番元の語源的な意味を詮索してみると、そういうことになろうかと思う。したがって、非常に秘教的なニュアンスが、神秘主義には強いわけである。

密教の神秘思想を語る前に、一応ヨーロッパの神秘思想の歴史的な展開の過程を見、それに対して近代合理主義が出てくる関係に触れて、ヨーロッパの神秘思想の流れについて、もちろん、ヨーロッパの哲学思想のみならず、キリスト教をも含めて、ごく大雑把に見ておきたい。

キリスト教では、私たちのもっている理性的な認識によらずに、自然的な能力を越えた形で神に触れるということをもって、神秘思想の立場としている。その場合、内面的な体験によって、神と自分とが融合するという点においては、他の宗教や哲学、インドの神秘主義的な傾向の哲学など、いろいろなものを比較しても、ひとつの共通の基盤をもっているということが言えると思う。

絶対者である神に触れるということが、初期のキリスト教の神秘思想では非常に大事なことであった。これは、情感的というか、感覚的なものだといったが、人間の生命の根源的なもの、命というものが実感されるのは、「触れる」ということではないかと思う。

たとえば、悪い病気にかかって、医者に見離されて、いくらも生きられないということがはっきりした時点では、医学的な治療はもうできない。そういう時に何をしてやれるかというと、やはり身内のものが、そばに付きっきりでいて、そっと手を握ってやることによって、心の安らぎを患者は得られる。私自身がそういう体験をしたわけではないが、客観的にそういうふうに思われる。そういうことが、神に触れるということであり、触れるということは宗教体験において非常に大事なものである。

キリスト教では、禁欲的な生活をするとか、断食をするというようなこともする。その他の苦行もあるが、そういうような禁欲とか断食とか苦行によらずに、人間的な努力によって、神に触れることができるかというと、ちょうど私たちが如来加持力をいただくということと同じで、神の方からはたらきかけることによって、私たちは神に触れさせていただくことができるということが、初期のキリスト教の神秘主義の思想においては、大きな特徴として認められる。

宗教学者のゼーデルブロムという人は、「神秘主義というのは、まさに宗教の秘密そのものである」ということを言っている。それは、神秘主義が宗教の核心をなしていると、宗教学の立場から把えたところの規定である。これはまさに、初期のキリスト教にみられるところだと思う。

そういうキリスト教の神秘思想において、体験される神は、一般には宇宙的な存在ではなく、知性とか、あるいは意志とか、愛とかを備えている人格的な存在である。それはまた、一般の神秘思想と区別される点であると指摘されている。

キリスト教の信仰では、善人は死後において神を見ることができる、ということも言っている。すなわち「見神」ということを言う。この目で物を見るように神を見る。もちろん、それは、内面において、見えないものを見るということであるが、神を見るという、ある意味で非常に感覚的な言い方をする。

また、中世の時代では、修道者は修行の結果、この世において神を見ることができる、とも言った。そのためには、もちろん修行して努力しなくてはいけないけれども、この世において神を見ることができるとも言われた。

仏教の方では、「見仏聞法」ということを言うが、見仏、仏を見るという表現の仕方は、初期キリスト教の場合とまったく同じである。

ヨーロッパの神秘主義的な傾向の哲学にはひとつの系譜がある。ギリシャのプロティノスが非常に神秘的な哲学を説き、そういう流れが中世のスコラ哲学に入ってくる。スコラ哲学を経たあと、中世の最大の哲学者アウグスティヌスは神秘主義的な立場をとる。アウグスティヌスにとっては、神はまさに実在するものであり、その神を私たちが見るという、そういう論理的なひとつの神学を彼は構築した。

十四世紀ころになると、いわゆる思弁的な神秘主義の時代を迎えるが、代表的な人は、マイスター・エックハルトである。彼は、神秘体験を哲学的に体系づけた人で、キリスト教神秘主義の最大の哲学者と言われている。

要するに、キリスト教の神学なり、キリスト教の神秘主義的な思想の影響を、中世以来の哲学は、近世においてもそうだが、大きく受けていると言える。

神秘主義の場合は、神の認識ということを説くが、先に言ったように、神に触れるとか、神を見るという、そういうような神の認識に到達するためには、直接的な内面の世界における神秘体験、つまり内的な直観というものに依らなくてはならないので、そういう神秘主義的な傾向の強い哲学に対して、ヨーロッパの哲学思想の流れにおいて、批判的な立場が出てくることになる。それは近世に入ってからであるが、周知のように、これは理性主義で、神秘主義の立場を排除するというラショナリズムである。

これは人間の理性に対する確信で、ルネッサンス以来、近世の夜明けとともに人類がもつにいたったものであり、理性というものに対する確信というものが近世に出てきた。当然のことながら、そういう理性主義の立場に立てば、神秘主義は排除されることになってくる。

古い時代、ギリシャでは、たとえば、プラトンなどは非常に神秘的な思想が強い。中世においても、ヤコブ・ベーメ、スピノザがそうである。近代になると、ライプニッツとか、カント、シェリング、それから、インドのウパニシャッドの哲学の影響を強く受けたショーペンハウエルなどがそうである。比較的近いところから、はるか過去のかなたまで、どの時代をも通じて、神秘主義的な傾向というものがある。哲学のみならず、ヨーロッパの芸術・絵画などにおいても、神秘主義的な傾向の強い作家はたくさんいる。直接キリスト教の影響を受けずとも、そういう神秘的な思想が芸術の分野において造形化されていく。

ダリに時計の絵がある。時計が机の角のところに掛かっていて、半分飴のように垂れてしまっており、非常に不思議な絵である。絵は解釈してはいけない、と言われるが、あえて、どういう意味があの絵に表現されているのだろうかということを問うと、時間からの解放が表現されているのだそうである。現在の私たちの社会は時間社会とでも言うべきで、時間によって自分というものが身動きのできない状態にあり、時間に縛られている。本当に自由な自分の時間というものがなかなか得られない。自由に生きるということ、すなわち時間的な状況から解放されるということを、私たち現代人はいちばん願っている。そのため、通常の時計ではなくして、飴のように垂れてしまっている時計、それは非常に奇妙な時間感覚であり、その絵には自由な時間というものが表現されている。見たことのない不思議な世界を絵画に表現している。キリコの絵などもいい例で、一種の神秘的な感覚を、そこから感じとることができるように思う。

要するに、宗教的な信仰の面においても同じだが、神秘主義は、近代においては、合理主義とか理性主義と相対立するような、そういう立場に置かれてきているのである。徹底した理性主義的哲学を説いたのはヘーゲルであるが、理性を絶対的に信頼するという、いわゆる、理性信仰というものを説いた。

私たちの世界に真理というものがあるとすれば、その真理はただ理性によってのみしか認識することのできないものだというのである。しかし、ヨーロッパの哲学思想において、カントは、そういうのは古い理性主義であると言う。カント自身は、理性をなお超えたものとして、認識し得るものに対する深い洞察において、ヘーゲルとは、まったく対照的な立場をとったのは周知の通りである。

いずれにしても、理性が認めるものとか、あるいは理性的に説明ができるものだけを承認する立場は、どうしても超自然的な立場、つまり超自然主義に傾き、また、神秘主義とは相対立することになる。十八世紀のヨーロッパの啓蒙時代の思想は、一般には理性主義的で、宗教の面においては「理神論」が説かれた。

「理神論」では、奇跡とか、あるいは奇瑞とかいうようなことは一切認めない。それは、人知を超えたものであるので、それを認識するとか、そういう領域に踏み込むということは極力避けてしまったわけである。イエス・キリストの伝説でも、ルナンが書いた『イエス伝』は非常に人間的なイエスで、キリストの奇跡とか、奇瑞というものをまったく排除してしまっている。

話が仏教の方へ飛ぶが、パーリ語とかサンスクリットの研究がヨーロッパで始まり、いわゆる原始仏教というものを想定した。初期の仏教は非常に合理主義的なものであって、釈尊の伝説を見ても、そこには、キリスト教で説くような奇跡とか奇瑞というものはひとつもないとして、神話や伝説めいたものなどを全部排除してしまった。これは、現代の日本の学界においても、あまりよくない意味で尾を引いていると思うが、そういう原始仏教の教理にしても、十九世紀の理神論的な思弁というものが持ち込まれているように思われる。

しかし、先ほどのゼーデルブロムではないが、単に理性だけでは律しきることのできないものが当然あるわけである。余れるものというか、私たち人間の能力の限界を超えたものは必ずあるわけで、ないという方が不思議である。初期の仏教においては、釈尊の伝記でもそうだが、やはり非常に不思議な出来事が描写されている。むしろ私たちの認識を超えた宗教的な世界がさまざまな表現の仕方で書き表わされ、言い伝えられてきた。もし作者がいるとすると、作者は、神秘的な領域をよく意識しながら、私たちが理性的には理解し得ない不可思議な世界を描き出してくれているように思う。

世界の思想の流れの中において、啓蒙主義以来、理神論的思弁が持ち込まれて、キリスト教も仏教もすべて合理的に割りきられてしまった。もちろん、割りきれるものは割りきらなくてはいけないけれども、そういう徹底した理性主義が、さらに新しい装いをもって、十九世紀の科学の時代の基礎を形成してきたと思われる。その十九世紀の延長線上にあるのが現在、二十世紀の後半で、この科学技術文明の時代には、合理主義、理性主義が優先され、その理性信仰の上に、科学の発達があり、技術の進歩が、今日にいたるまで続けられてきた。そしてそれはさらに、加速度的にスピードが加わってきている。

これは逆にいえば、人間存在が物象化され、あるいは物的存在になっていくということである。たとえば、医学においては、一個の生命体である人間の臓器を自由に移植するということを行なっている。しまいには、脳までも替えてしまうかもしれない。人間の身体を物として扱っているからである。現代の医学のみならず、すべての現代科学は、次第に人間存在というものを、ある意味で疎外していく。なぜ生命というものに対して深い目を向けていかないのか。近代合理主義が突き進んでいけば、どうしてもそういう生きた人間存在の全体像を見る眼を喪う結果になってくるわけである。

密教における神秘体験

密教における神秘的な合一体験を七つにまとめて表にしてみた。

神秘的合一体験（入我我入）の個別的特徴について

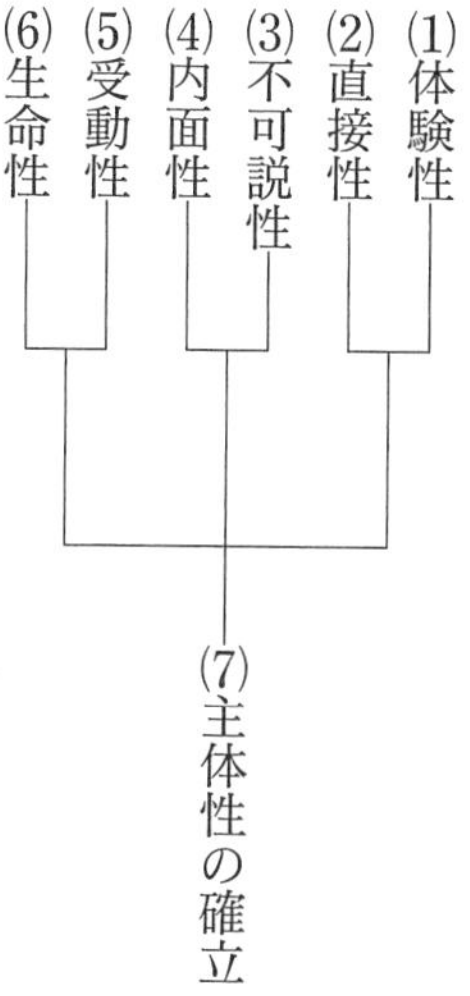

まず第一に密教は体験の宗教である。顕教というのは、真理のまわりを理論的になでているような感じがするが、実際に自分で体験するということは、神秘主義が大前提になっていると思われる。

直接、自分で仏に触れるという言い方は、仏教の方ではしないが、キリスト教の方では、神に触れるという表現の仕方をする。それは、ほかならない他者性をもっているところの無限の存在に対して、自分がどういう具合にそれに遭遇して、関わっていくかということであるが、それは、他の人がやるわけではなくて、自己体験であるというのが、神秘主義の前提になっている。

その次は直接性ということである。これは要するに、絶対なるものと自己とが、直接関わり合うということである。論理的にいうと、二つのものが関わり合うには、媒介になるものがなくてはいけない。たとえば弁証法の論理などはその点がはっきりしている。何か仲立ちになるものがあって、その二つのものが関係し合うわけだが、神秘主義の場合には、直接性、つまり体験ということが無媒介の直接体験である。

「三密加持すれば速疾に顕わる」と、弘法大師空海は言っている。速疾ということ、それは直接性というように解され、体験性と直接性とは不可分の関係であるので、それをひとつのワクに表示した。

それから、三番目は不可説性ということ。私たちの深い内面的な直観において得られた宗教体験の世界というものは、容易にことばで伝えることができないものである。もしことばで伝えるとすれば、それは顕教になってしまう。そういうことからして不可説性ということを三番目にあげた。もちろん、私たちの深い宗教体験の世界というものは、宗教においてはいろんな造形化された形をとっている。その代表的なものは、いうまでもなく、曼荼羅である。

「密教の世界というものは、非常に奥深いもので、普通のことばや文字で伝えることができないので、まだ悟っていない私たちに対して、仮りに図画をもって開示する」と空海は言っているが、これは象徴というものが伝達の手段として用いられているということであって、本質的には、もちろんその世界は不可説性のものである。これは密教の場合、きわめてはっきりしていることである。

キリスト教神学においても、この不可説性ということは非常に大事なことであって、神の世界というものはことばで言い表わすことができないということを繰り返し説いている。

それから、第四の内面性ということについては空海も、「自らの心の仏」とか、「衆生本有の曼荼（羅）」ということを言っており、一切衆生が本来、曼荼羅の世界というものを持っていることを示している。したがってそれは内面的な世界において直観されているものであるということで、内面性ということをあげたのである。

キリスト教神学においても、もちろんそうである。先に神秘ということばの語源を説明した時、外界の事物、外を見る目を閉ざして、目の視野を内側の方に向けるという意味があると言ったが、これを一応の手掛かりとして、入我我入の世界は、このような具合にまとめることができるというひとつの試みであるので、不可説性と内面性というものをひとつにした。

次は受動性と生命性ということ。受動性とは、神の方からやって来るというか、自己が破られるということだと、エックハルトは言っている。破られた時には、かつての自分、それまでの自分というものがそこで死んでしまって、そして新しく蘇るわけである。そういうような表現にやや近いのが、密教の方では、『大日経』の住心品に出ている「アーシュヴァーサ」ということばで、蘇息と漢訳されている。

首を絞められた時に手を離すと生き返る。自分が死ぬという言い方は、中世のスコラ哲学的な表現の仕方にあるが、仏教的な表現で言えば、自我、我、自己というものを解体してしまうというか、無我の世界をさらに突破して、「大我」の世界に到るというのが、空海の教えにある。如来の加持力をいただくことによって、そういう真の自分というもの、「大我」が確立されるということは、いうまでもないことである。

それから、その次に、あまりいい表現ではないかもしれないが、生命性ということをあげた。神秘主義の直接体験が深まることによって、やはり本当の自分というものの生命の自覚というか、自己認識というか、非常に尊い生命の尊厳性というものが、自からして感得される。キリスト教神学においても、それはやはり説かれており、密教においても説かれていることは周知の通りである。

そういう意味で、受動性と生命性をひとつにまとめて、その六つのものを全体的に括ったのが、主体性の確立ということになる。もちろんこれは、宗教的な意味での主体性の確立である。

その主体性の確立ということについて、最後にまとめとして話を終ることとする。

密教の教理とか実践体系そのものに踏み込んでいくと、ここで話したことを、もっと具体的に一層よく理解いただけるかと思う。

それは、主体性ということばがいいかどうかわからないが、ひとつの真の自己というものが、神秘主義において確立されるということである。

いったい、普通に心といわれているものはどのように捉えられるであろうか。心を分析的に捉える方法がまず考えられる。ユングがやった精神分析学のような現代の心理学の方法がある。心というものはどういうものであるかを分析して、自己《セルフ》と自我《エゴ》というものの二つに分ける。自我意識というのは、一種の表層面であり、非常に深いところに、私たちが気づかないような真の自己というものがある。それをエゴに対してセルフというように分けている。仏教の方でも、アーラヤ識が説かれており、仏教の唯識の立場からセルフを見れば、せいぜい第七識ぐらいであるが、密教ではさらにもっと深い第十識まで説いている。

精神分析学で分析している心というものも、やはり科学の立場に立って、客観的に心の世界を捉えたにすぎないと思う。しかし、私たちの真の心の世界というものは、何ぴとも窺うことのできない、踏み込むことのできない世界である。すぐに結び付くかどうかわからないが、フランス語で「アーム」ということばがあって、「魂」と訳している。その「魂」というものは、分析することもできなければ、客観的に捉えることもできないものであろうと思う。それは、密教のことばで言えば、「秘密荘厳心」と言っていい。そういう世界は、まさに神秘主義の、最も大事な砦であろう。それは、人間が生きている限りにおいて、絶対に譲ることのできない真の生命の世界ともいうべきもので、真理を客観的に認識する科学では踏み込むことのできない世界である。

密教で説くところの「秘密荘厳心」というのは、まさにそれであって、絶対に客観的に認識することのできない世界である真の自分の心の世界というものは、尊厳な絶対性のものであり、それを開示するために、絶対なる存在、無限の存在である法身大日如来との「入我我入」ということが繰り返し説かれているのであろう。

曼荼羅の思想とニューサイエンス

個と全体との関係

ニューサイエンスはわが国の造語で、ニュー・エイジ・サイエンスのことである。周知のとおり、著名な物理学者フリッチョフ・カプラの『タオ自然学』でヨーロッパの知性が東洋に目をむけたのが、ニューサイエンスのはしりである。

曼荼羅がヨーロッパの人びとに注目されるようになったのは、C・G・ユングの分析心理学でチベットのマンダラが分析心理の全図として世界に紹介されて以来のことではなかろうか。

曼荼羅とは何か。この答えはむつかしい。満天に散らばった星座のように無慮無数に厳然とした秩序と調和をもって存在する諸尊。諸尊はミクロコスモスであり、曼荼羅はマクロコスモスである。古代インド以来、個において全体が顕現しているという思想は、『華厳経』に最も明確にくりかえし説かれている。

全宇宙の有機的関連性のもとに諸存在がその座を占めるというのは、全体のなかで個がその存在理由《レゾン・デートル》を主張し得ると同時に、実際には個においてのみ全体が実現されていることを意味する。

曼荼羅は本質を有するものというのが通俗語源解釈だが、本質的なものをもって飾るといったほうが本義に近いようである。ある意味で曼荼羅は、今日、流行語になっている。それは本来、自性《じしよう》曼荼羅(1)を基本とする。それは宇宙曼荼羅といってもよい。この全存在は、ギリシャ語のコスモスよりも、混沌性と整合性、必然性と偶然性とをもっている。

カオス(混沌)を宇宙の始源とみる荘子のいうとおり、分析しすぎてしまえば全体性が見失われるように、それはおそらく曼荼羅にはならないだろう。

空海は、すべての人びと自身こそマンダラを備えたものだといった。まさに全宇宙が凝縮したものがわが身体性そのものだというのである。

曼荼羅とニューサイエンスとの思想的関連は、おそらく比較思想論の問題であろう。ニューサイエンスに対するさまざまな批判もあるが、一口にいって、それは科学世界の時代閉塞を反映したもののように思われる。つまり、ニューサイエンスの立場で還元主義(2)に対する批判が表にたつのは、古典派科学主義とまでゆかなくても、常識的であると思われるのは、これまでの、すなわち十九世紀以来の科学があまりにも物質世界を切りきざみすぎたからであり、全体性を恢復すべきだという一般的な思潮が、むしろ科学のサイドでおのずから醸成されつつあるからではなかろうか。

確かに、部分と全体とは曼荼羅の基本構造にかかわる最も重要かつ興味深い課題であるとともに、それは奇しくもホロン(3)の語義と著しく近似性をもつ。そして、こうした構造論は、仏教ないしインド哲学思想とは関係なしに、ヨーロッパではケストラー以来のニューサイエンティストたちが問題とした当のそれでもあった。アーサー・ケストラーはホロン革命(4)を提唱したが、曼荼羅は個における全体の顕現の点で多くのニューサイエンティストの注目を集めた。ホロンについては「個と全体」という命題で、つとに理論物理学の領域でも問題提起された。たとえば、ハイゼンベルクが、部分は全体をふくむという真理命題は、華厳哲学の一即多、多即一の融合相即の論理にほかならないといっている。

だがまた、ホロンについては、存在のヒエラルキーが階級的にすぎるという批判もつとにあった。そして、カプラの東洋主義について、安易に西洋に東洋を接木してはならない、真に東洋思想のよさをみてのことではない、という反省——簡単に全体といってしまえばおしまいだ——も生まれている。これに対してロルフ・ギープルの反論もある(5)。

ホロン・システムと曼荼羅

これらをふまえて、曼荼羅思想とニューサイエンスについて管見をのべてみよう。

物質世界の対象を分析し、焦点以外は一切排除する要素還元主義は、たとえば望遠鏡と顕微鏡に象徴される。還元主義はキリスト教まで遡るが、近代合理主義、たとえば十七世紀の機械論的世界観にその典型が認められる。ニューサイエンスは、だから総体的にヨーロッパ近代に対する批判のかたちで出てきた。量子力学では観測者と対象の関係における内在的時間の問題、観測者の意識レベル——たとえば当事者のストレスなど——によって観測結果が決定的に左右されることなどは古典科学では全く計算外のことだった。NASAの半数の人びとが瞑想ないしヨーガを実修しているというのもうなずけることである。

最近の脳生理学でもホロニズムの理論どおり、脳のどの部分をとってみても全体になっているというから、これは脳みそ＝曼荼羅論ともいうべきものであろう。ニューサイエンスの構造論もヨーロッパ近代に対する批判から生まれた。スタティックな見えない構造を人間社会に認めようとする、こうしたダイナミックな構造もやはり曼荼羅理論と関連する。が、そのままつながることはない。身体論についてもヨーロッパ科学はあまりにも身体の存在を無視しすぎたきらいがあった。還元主義は、身体存在はなきに等しいものにしてきたといってもよい。だが、現代量子力学は身体の関与性なしには成立しない。いわば科学が身体の存在に気づいたのであった。密教の即身成仏は、身体が宗教的人格を実現する場であり、真理の器であるということを前提とする。顕教が身体性を無視して精神主義を標榜したのと対照的である。

ニューサイエンスは、たんなる全体主義であってはならない。もしそうだとすれば、反科学的立場につながる。ケストラーのホロンは、還元主義の究極としてのホーリズムではない。

還元主義を批判したが、否定はしない（『ニューサイエンティスト群像』二四二頁参照、勁草書房刊）ということは、案外ニューサイエンス批判者たちが見落してしまっているようである。

近代合理主義は科学的分析を前提としてすすんできたが、全体と個との関係と、個の位置づけとには、ほとんど注意を払わなかった。この点からホロン・システム(6)と曼荼羅思想とを対比すると、驚くべき対応関係が認められる（ホロン・システムについては前掲書二四七頁の表参照）。

（ホロン・システム）	（曼荼羅）
部分性	一門
全体性	普門
自己超越	他受用身
自己主張	自受用身
従属性	応化身
自律性	自性身
向心性	向上門
遠心性	向下門
利他主義	利他門
自己主義	自利門

（門は部門の意）

スタンフォード大学の神経生理学者カール・プリグラム、理論物理学者デヴィット・ボームらの「ホログラフィ理論」――いかなる部分のなかにも全体がある――もまた、普門（全体）が一門（個別的存在）として顕現するという曼荼羅の構造が先取しているようである。

古典的な考え方は宇宙を精神的自己と物質的外的世界に分けてきた。しかし、この二元性は消えてゆく傾向にあり、外の世界と内なる世界がひとつに収束しはじめている（前掲書二九九頁のプリゴジン「現代科学の巨人10」）のも、密教で説く色心不二《しきしんふに》の曼荼羅世界そのものに近づいてきていることを付言して、むすびとしたい。

（1）**自性曼荼羅**
その通りにあるがままのマンダラで、全宇宙の本性を真実なものとして、宇宙存在をその真実な本性の表現様式とみるもの。

（2）**還元主義**
部分分析的還元主義のこと。古典科学以来、すべてを分析して部分だけを取り出して観察、実験し、他は排除するのが一般的であった。これでは全体はもとより部分そのものまでが不明だと批判するニューサイエンティストの立場から名づけたもの。たとえばデカルト的物心二元論もまた還元主義の克服の対象となる。

（3）**ホロン**
亜全体ともいうべきもの。全自然現象、全宇宙においてさえ、真の意味の部分がなければ全体もなく、あるのはホロンだけであるとする。そしてホロンは多性的なヒエラルキーを形成し、ひとつのホロンにおいてさえ上下の支配的、被支配的関係にあるという。これはあまりにも階級的解釈すぎるという批判もあった。

（4）　ホロン革命

ニューサイエンスの実践論的次元で、一九七〇年代以来直面した全人類的課題、すなわち反核、エコロジー運動、フェミニスト運動に対応するための思想的基盤の提供。

（5）　ニューサイエンス批判

東洋の思想と西洋の思想と概念内容は同じだが、意味内容まで等しいか、という批判が向けられた。これに対する反批判もあるが、たとえば、ほとんどのニューサイエンティストが華厳思想に注目しているのは、個における全体の顕現——インドラ神の珠網の珠に自他の無数の映像を現ずる喩え——である。

（6）　ホロン・システム

ホロニクスの語もほぼ同様に用いられる。ホロン〈亜全体〉のヒエラルキー的階層関係をいう。なお、このホロン・システムは文化的諸問題をニューサイエンスの立場から関連づける場合にも有効であると考えられる。従来、科学者自身による科学批判は意識的に回避されてきたことが指摘されるが、自然科学だけでなく人文科学の領域でも存在論的な問題を取り扱うのにホロン・システムは新しい視角となり得る。

II　弘法大師空海の世界へ

弘法大師の教えとその展開

弘法大師の入唐

弘法大師空海は、従来、信仰の対象として、私どもにたいへんなじみ深いものがあるが、しかし、その教えはどうかとなると、必ずしも知られているとはいえず、空海の著作に直接ふれるということも非常に少ないと思う。信仰がさかんなわりには、その教えが私どもにはまだよくわかっていないというのが、実情であるように思われる。

空海の教えは非常に深遠で難しく、それをできるだけ現代の私どもに近づけて、わかりやすく説くことは至難の業で、以下の話もその一端にふれるにすぎないことになるだろう。

空海の思想を知るのに恰好の本がある。空海が二十四歳のときに書いた『三教指帰《さんごうしいき》』という書物である。三教というのは三つの教えであって、儒教と道教と仏教とをさす。その三つの教えが、帰するところはどういうことを説いているかという内容のもので、一種の思想劇のような形、つまりリーディング・ドラマふうな内容をもった著作である。

儒教は周知のように、孔子《こうし》や孟子《もうし》の教え、道教は、いわゆる老荘《ろうそう》思想である。ここで取り扱われている仏教は、多少密教的な思想は散見されるが、一般の仏教を予想していると考えていいと思われる。儒・道・仏の三つの教えを比較し、儒教よりも道教、道教よりも仏教というように、しだいにその教えが深まっていくと説く内容のものである。

しかしながら、この三つは並列させてみると、それぞれ特色のある教えであって、帰するところは一つである、つまり思想の総合性が、非常にはっきりと打ち出されている。これは空海の教えの特色をみていく場合に、非常に大事な点であって、つまり思想の総合性とでもいうべきものが、すでに二十四歳の処女作『三教指帰』という書物の中に明確に感じとられるのである。

『三教指帰』は、非常に難しい内容のもので、中国のおそらく約二百種ぐらいの古典、それに仏教の非常に数多くの経典などを縦横無尽に引用して構成されており、日本では非常に珍しい思想劇の形をとっている。したがってそれぞれ儒教とか道教とか仏教を語る場合に、人物が入れ替わり登場するという形をとる。儒教は亀毛《きもう》先生で、これは架空の人物。道教は虚亡隠士《きよぶいんし》、仏教は仮名乞児《かめいこつじ》。最後に舞台に登場する仮名乞児という人物は、実は空海の自画像でもある。非常にみすぼらしい乞食スタイルの一介の修行者とでもいうような、そういう人物の口を借りて、空海自身の思想の遍歴を語っているのである。

空海は三十一歳のとき、日本の年号で延暦二十三年（八〇四）五月十四日に今の大阪、難波《なにわ》の港を出発して、中国、そのころの唐の国に留学の旅に上った。当時、日本と中国との間では、政治的な交流も含め、文化の交流がしきりに行なわれており、日本からは遣唐船という船を中国に派遣していた。

このときの遣唐船は、四船から成っていた。藤原葛野麻呂《ふじわらのかどのまろ》が遣唐大使に任命され、第一船、第二船、第三船、第四船と、船が一列縦隊で進んでいく。その第一船に藤原葛野麻呂が乗り、空海と橘逸勢《たちばなのはやなり》が同乗した。逸勢は平安初期の三筆に数えられた人である（三筆とは嵯峨天皇と空海と橘逸勢）。第二船には遣唐副使の菅原清公《すがわらのきよきみ》という人が乗り、この船にはのちに比叡山を開いた伝教大師最澄《でんぎょうだいしさいちょう》が乗船していた。

現在、九州の平戸市の近くに田浦《たのうら》という小さな漁村があるが、そこを出発したのが延暦二十三年七月六日。四船のうち、第四船は出発してからまもなく嵐に遭って沈んでしまう。第三船は、大破して日本に引き返してきたようである。幸いに空海が乗船した第一船と、最澄の乗った第二船はかろうじて中国に着くが、それはたいへん苦難な、ほとんど漂流するような状態であった。第一船は八月十日に福州というところ、いまの中国のずっと南の福州のさらに南のほう、河口になっている赤岸鎮《せきがんちん》というところがあり、そこに漂着した。

空海入唐の目的には、密教を学ぶことが最初からあったと思われる。その当時は、密教の中心地といえば長安であった。長安はいまの西安《シーアン》と呼ばれているところで、シルクロードの起点になっている都市で、藤原葛野麻呂、空海、橘逸勢など一行二十三名は、延暦二十三年十一月三日に福州を出発して、中国大陸を北上、縦断して、長安の都に入ったのが十二月二十三日。ただちに朝貢が行なわれた。

延暦二十四年二月十日に、藤原葛野麻呂一行は日本に帰朝したが、空海と橘逸勢の二人だけは、いまでいう留学生であるが——むかしは留学生《るがくしょう》という呼び方だった——その留学生として長安の都にとどまった。その当時の長安は、推定人口百万といわれており、世界一の文化都市といっていい街であった。にぎやかに栄えていた花の都のありさまは、石田幹之助《みきのすけ》氏の名著『長安の春』に詳しく描写されている。長安から、いわゆる中央アジア、西域と呼ばれている地方、それからペルシャとかあるいは遠くはローマまで、シルクロードは通じていた。それからインドとか、東南アジアの国々からも、しきりに多くの人が文化交流のために、あるいは交易のために長安にやって来ており、非常なにぎわいをみせていた。

その当時の長安は、仏教のみならず、キリスト教の一派であるネストリウス教（景教）というのが流行しており、ネストリウス教の教会も長安の街にはいくつかあった。またペルシャのゾロアスター教（拝火教）の教会などもある。それからマニ教という、ちょっと変わったイラン起源の宗教も行なわれていた。もちろん、道教とか儒教もさかんに行なわれていたことはいうまでもない。

空海が長安において、最初にまず師事したのは、般若三蔵《はんにゃさんぞう》だった。三蔵はインドの西北地方、カシュミールと呼ばれているところから長安にやって来ており、醴泉寺《れいせんじ》という寺にとどまっていた。この般若三蔵から、インドの学問だとか、インドの言葉サンスクリット――私どもは今日、慣例として梵語《ぼんご》といっているが――を勉強した。インドの高僧について、直接インドの学問を学ぶということは、おそらく空海といえども予想もしていなかったことであろうと思うが、たいへん巡り合わせがよかったわけである。

般若三蔵は、当時、おそらく七十歳をすでに超えていたと思われる。「これから私は実は日本にまで行って、そして仏法を広めたい。そういう志があるが、もう余命がいくばくもないので、私が日本に行って教えを伝える代わりに、私がいままで翻訳をしたお経がいくつかあるから、それをあなたに差し上げる。どうか私になり代わって、日本に帰って教えを広めていただきたい」、そういう切々たる遺言を般若三蔵は空海に託すことになる。

そのお経というのはいくつかあるが、主なものの一つは四十巻本の『華厳経《けごんぎょう》』。奈良の東大寺の大仏は、『華厳経』というお経に基づいて造形されたもので、華厳の世界というのは、この宇宙いっぱいをもって仏の世界とするという、非常に壮大な世界観をもっているものである。ふつう「入法界品《にゅうほっかいぼん》」というのがそれである。それから『大乗理趣六波羅蜜経《だいじょうりしゅろっぱらみつぎょう》』、もう一つ長い題名がつく『守護国界主陀羅尼経《しゅごこっかいしゅだらにきょう》』（略称でふつうは『守護経《しゅごきょう》』といっている）、こういう主なもの、これらはすべて般若三蔵が、インドの言葉から中国語に翻訳した、つまり漢訳をしたものだが、それらの経典を自ら空海に授けたわけである。

ことに注目すべきことがある。この『大乗理趣六波羅蜜経』を般若三蔵が翻訳するときに、その翻訳の手伝いをした人が景浄《けいじょう》という人物で、この人はアダム・スミスといい、キリスト教の教誡師《きょうかいし》であった。さきほどいったキリスト教の一派であるネストリウス教と呼ばれるもの、これはネストリウスという人が一派を立てたものだが、キリスト教にはまちがいないわけで、このアダム・スミスという人が、般若三蔵がこの『大乗理趣六波羅蜜経』という経典を翻訳したときに、いっしょに翻訳の手伝いをしており、アダム・スミスがもしその当時存命中であれば、空海はそういうキリスト教の教誡師と会ったこともあろうと思われる。またいくつかのネストリウス教の教会が、長安の西市の街にもあり、その近くの宣陽坊《せんようぼう》に空海が住んでいたこともある。したがって想像だが、キリスト教の教義も聞いたり、あるいは教会に足を運んだということも、十分可能性があると思われる。だから千百数十年前の日本人として、室町時代になってキリスト教が入ってくるまでに、日本人としてキリスト教に接触したのは、空海一人ではないかと思われる。

ともかく般若三蔵の教えを受けた空海は、密教を学ぶことが、長安に入った最大の目的であったから、密教の優れた師を求めていたところ、たまたま長安の青竜寺《しょうりゅうじ》というお寺に、恵果《けいか》という方がいるということがわかった。この青竜寺という寺は、長安の都の東南の隅に近いところにあった。長安の都は四角にきちんと区画されており、都市計画に従って建設されて碁盤の目なりに東西南北に道が通じている。その長安の都制をまねて、奈良の都平城京とか、京都の都平安京をつくったわけである。

推定人口が百万といわれるその当時の長安で、一人の人を捜すというのも、たいへんだったろうと思われる。年が明けて、空海は三十二歳。日本から非常に優れた僧が長安の都に留学しているということは、恵果の耳にも達していたようである。空海が、数人の中国の高僧にともなわれて、青竜寺の恵果に会ったのは、日本の年号でいうと延暦二十四年の六月の初めごろかと想像される。恵果は空海を一目見るなり、「あなたがここへおいでになるのを、私は久しいこと待っておりました」と、初対面の人とは思われないような、非常に親しみのこもった言葉で空海に挨拶し、「ただちに密教の教えをあなたにお伝えします」ということになる。それから約半年間、空海は恵果から直接、密教を学んだ。

恵果は、インドからずっと伝わってきた密教の教えを伝えていた第七祖であった。しかし、その密教の教えを伝えるにふさわしい弟子がいないので、もし自分が亡くなればもう密教の教えは絶えてしまうという状況であった。そういうところへ空海が長安に入ったので、恵果は非常に喜んだ。それで密教の正統を継ぐ第八祖として、空海が日本に密教を持ち帰ることになったわけである。私たちはヘーゲルの逆の表現を借りるならば、歴史の英知にどんなに感謝しても感謝しきれないような気がする。というのは、恵果はこの年の十二月十五日に亡くなってしまったからで、その辺のところに劇的なものを感じる。恵果はこうして密教をすべて空海に伝えたところで、世を去った。だから、もし空海がもう半年ほど遅く中国に渡ったとすれば、恵果には会わなかっただろうし、また中国の正統の密教が、恵果をもって終り、それで絶えてしまうということは、十分に考えられるからである。だからほんとうに歴史というものは、そういう目に見えない何か非常に不思議な大きな力によって動かされているということを、感じないではいられない。

ともかく空海は、恵果から密教を学び、日本の年号で大同元年（八〇六）八月ごろに、中国の明州というところから出発して帰国した。日本の正史にはこの前後のことが欠文になっていて記録がないので、想像だが十月の初めごろには、たぶん九州の大宰府《だざいふ》に帰着したと思われる。大宰府に帰着して、ただちに帰朝の報告をしなければいけない。今日、『請来目録《しょうらいもくろく》』といわれているリスト、つまり経典とか仏像など、中国から持ち帰った膨大《ぼうだい》なもののリストを朝廷に差し上げることになる。それで大同元年十月二十二日の日付で、『請来目録』を大宰府において書き上げたと思われる。

この目録を託されて、ただちに京都に向かったのが、空海が乗って帰った船の責任者とでもいうべき、遣唐判官の高階真人遠成《たかしなのまひとおなり》という人であった。この『請来目録』つまり密教の文献のリストの初めに、天皇に申し上げる言葉を連ねた上表文が添えられている。

密教の世界観

その『請来目録』の上表文にはどういうことが書かれているか。私は中国に行って密教を学んだ。その密教は両部《りょうぶ》の大法《だいほう》であると、こういうような表現の仕方で書かれている。

両部というのは、空海の密教の中でいちばん大事な経典である『大日経《だいにちきょう》』、これは略称で、詳しくは『大毘盧遮那成仏神変加持経《だいびるしゃなじょうぶつじんべんかじきょう》』という経典と、『金剛頂経《こんごうちょうぎょう》』（『真実摂経《しんじつしょうきょう》』）という、この二つの経典で、それを両部といっている。そして密教とはどういう教えであるか、一口にいうと、それは、修行をすることによって、この現世において私どもの持っているこのからだのままで最高の宗教的人格を完成することができる。そういう教えで、それを「即身成仏《そくしんじょうぶつ》」というい方をする。もっと端的にいうと、宗教的人格ということは、並の凡夫《ぼんぷ》の煩悩《ぼんのう》の多い自分のこのからだのままで、宗教的な実践修行を重ねることによって、仏となることができるということである。本来、私どもはすべて最高の宗教的人格を完成した仏であるはずであり、その仏の種《しゅ》を宿しているのだ。この現実の生身のからだがそのまま仏のからだとなるという、そういう教えである。このことは、従来、奈良仏教などでは、まったく説かなかったことである。ほとんど無限に長い間、修行を重ねないと、仏になどはとうていなることができない。だから現世において悟りを開いて仏になるということは、およそ考えることもできない至難な業である。こういうように一般には信じ込まれていたところに、空海がまったく斬新な教えを日本に持って帰ったわけで、非常に大きな波紋が投じられていくことになる。この上表文にはそういうことが書かれている。

それから非常に数多くの密教の経典を請来したが、その中に数多くの曼荼羅《まんだら》というものがある。曼荼羅とは密教の世界を絵画的な表現によって造形化したものであり、インドの言葉でもこのとおりで、ローマ字で表記すると、nとdの下に丸をつけて maṇḍala となる。曼荼羅は『大日経』と『金剛頂経』の二つの経典に説かれているので、両部の曼荼羅という。つまりこれらの二つの曼荼羅が表現し、意味するところの世界が違うわけで、『大日経』に基づいて描かれた曼荼羅は、大悲胎蔵生《だいひたいぞうしょう》曼荼羅、通称、胎蔵曼荼羅と呼ばれ、『金剛頂経』に基づいて描かれた曼荼羅は、金剛界曼荼羅という。なお、日本では金剛界曼荼羅に対して、通称として胎蔵界曼荼羅という場合もあるが、胎蔵界というのは通称で、本来は界という字を入れない。胎蔵法でもいい。

　ところで、密教は、だれが説いたのか。一般の仏教、つまり密教以外のものは顕教と呼んでおり、それに対し密教はふつうは密教というが、秘密蔵とか密蔵などといろいろに呼ばれてもいる。空海は『請来目録』で顕教に対して、密教は大日如来《だいにちにょらい》という仏が説いた教えであるといっている。

　つまり一般仏教の場合は、仏教の開祖の釈迦牟尼仏《しゃかむにぶつ》、釈迦、あるいは浄土教の場合は、阿弥《あみ》陀《だ》如来《にょらい》、そういうようにいろいろな仏が説いた教えがあるが、密教は大日如来という仏が説いたとされている。大日如来という仏は、この宇宙すべてをもってからだとしている。それからこの宇宙万有すべてのものが、ことごとく大日如来を象徴している、言い換えると、かたどっているものである。そういう途方もなく大きな、いわば宇宙生命そのものを宗教的な人格体としている大日如来を密教の教主としているわけである。

これは非常に革命的な仏教の教えを初めて日本に紹介したということになるだろう。曼荼羅は、要するにそういう宇宙生命をもって内容としている宗教的な人格体である大日如来が、数限りない無数の仏菩薩《ぶつぼさつ》とか神々、すべてのものとなってその形を現じている、それらのものをことごとく総合的に統一した世界である。曼荼羅を見ると、無限に広がる美しい宇宙空間に数限りない星が散らばっている星座を見るような感じがする。これは生命的世界そのものを、宗教的な人格をもって表現しているものであるといったらよいであろう。ことごとくのものが、生命のつながりをもって調和と秩序のある世界の中で、宗教的な生命そのものとして表現されている。だから、その教えは非常に難しいし、また計り知れないほど奥深いものがある。

そういう世界は言葉ではなかなか表現することができないから、仮に図画を借りてまだ密教の世界を知らない人に開示《かいじ》する、それが曼荼羅というものだと、『請来目録』には説かれている。これは『請来目録』の中で、曼荼羅のリストを挙げて、そのあとのところに添えてある、含蓄に富んだ言葉である。

そしてもう一つ、私どもは仏という宗教的人格を、この現世において、このからだのままで自ら実現することができる、つまり私どもはすべて仏となることができるということが、密教のもっとも肝心なところであると、『請来目録』に説かれている。この『請来目録』は、空海が日本に帰国して著したいわば第一作で、ここに密教とは何かということの空海の考えの、一つのプロトタイプ（原型）が、まことに鮮やかに示されているといえる。

その後、空海は六十二歳で紀州の高野山において入定《にゆうじよう》するまで、密教の教えをいろいろの書物によってまとめていくが、その内容のごく大筋を辿ることとする。

まず最初に、顕教と密教という、そういう区別の仕方について。密教は大日如来という仏が説いたもので、その大日如来はこの宇宙生命そのものを宗教的人格として現わしたものであることは、さきほどいったとおりである。万物すべて、たとえば一木一草に至るまで、ことごとくのものが貴い宇宙の大生命を通わせている。もちろん、私ども一人ひとりもかけがえのない貴い生命をいただいて、生かされているのであるという、そういう教えである。このことを非常に明確に説いた書物が『弁顕密二教論《べんけんみつにきようろん》』で、顕教と密教の二つの教えは、いったいどこに違いがあるのかということを、はっきり区別立てをした書物である。

密教の教えを説いた大日如来は、しばしば空海も法身《ほつしん》というい方で呼んでいる。法身というのは、法つまり真理をもってからだとしている仏という意味であって、この宇宙の真理そのものが肉体である仏ということである。密教はそうした法身が説いた教えであるということをいっている。

密教とは秘密の教えという。秘密とは何か。秘密には二つの意味がある、と空海はいって、言葉は難しいが、「衆生《しゆじよう》秘密」と「如来秘密」という二つに分けている。つまり、密教というのは秘密の教えというのだが、それは何かを隠しだてするといったような、そういう意味ではない。

二種類の秘密のうち、衆生秘密について。衆生というのは私ども一人ひとりすべてのもののことである。その一人ひとりのものがみんな秘密にしている貴いものがある。私どもはもともと仏としての悟りを、自らの心の中に秘めている。つまりだれでもかけがえのないたった一つの命というものを持っておりながら、その生命の貴さに気がつかない、仏としての悟りというものを、自分は実際持っているということについて、自分自身がそれを覆い隠している。そういう意味で衆生秘密を衆生自秘ともいっている。

もう一つは如来秘密。この宇宙生命そのものをもってからだとしているという、この仏の悟りの世界、この宇宙の真実とか真理というものを、仏自身が自ら隠している、こういうのを如来秘密といっている。宇宙そのものは神秘で、私どもがとうていうかがい知ることのできない秘密というものを、無慮無数に秘めている。そういうのは宗教的な人格体としての法身、つまり真理をもって身体としている、その仏の世界そのものである。それは私どもからみると、うかがい知ることができないから、如来秘密という。こうして空海は、二つの秘密の意味を『弁顕密二教論』という書物の中で説いている。

空海が生涯をかけて書いた二つの非常に重要な書物がある。一つは『秘密曼荼羅十住心論《ひみつまんだらじゅうじゅうしんろん》』という長い題の著述である。非常に長い題名だから「十住心体系」という名前を私はつけたが、普通、『十住心論』というふうに略して呼んでいる。秘密という意味は、いまいったとおりで、これを絵画によって表現し、この宇宙生命を宗教的な人格をもって表現したものが曼荼羅である。曼荼羅は絵画によって象徴的なものとして造形化されている。それは実は秘密の世界であるということで、秘密曼荼羅という。ふつうの私どもの目をもって見れば、うかがい知ることのできない宇宙の真理というものを秘密と呼んでいる。それでは、何によって宇宙生命の秘密をうかがい知ることができるかというと、私どもの心を通路として、そこに至ることができるというのである。そして、十住心というのは、心の世界を、低次元の世界から高次元へと進む十の段階に仮に分けて考えたものである。

『秘密曼荼羅十住心論』は十巻ある。別にこの『十住心論』の内容を要約したような形のもので『秘蔵宝鑰《ひぞうほうやく》』というのがあるが、このほうは上・中・下の三巻である。鑰というのは鍵《かぎ》の意味、秘蔵というのは密教と同じ意味である。秘密にしている蔵で、宝鑰の宝というのは美称だからとくに意味はない。その秘密の蔵を開くところのキーという意味である。だから、書物の名前自体が非常に象徴的で、空海は文学的な表現の仕方をしているわけである。この二つの書物によって、私どもの心の世界というものが宇宙の真理もしくは宇宙生命の世界に入っていくところの通路として説かれている。これは深い内面の世界であるが、同時に宇宙すべてのものに広がっているところのものである。心というけれど、ものと対立した心という意味ではない。誤解のないように念のため申しそえておきたい。

つまり空海の密教の世界は、ものと心とが分かちがたい関係において、互いに有機的な関係をもって働いている。そこでは、本来は心とかものとかいうような区別はすることができないことをたてまえとしている。それを専門の言葉で色心不二《しきしんふに》といういい方をする。色というのはインドの言葉でルーパという。ルーパというのは、日本語ではものという言葉が、ややそれに近いと思う。『倶舎論《くしゃろん》』という書物には、ルーパには色彩と形態と動き（表色）という意味が含まれていると説かれている。要するに、物質世界である。心はいうまでもなく、精神界で、私どもの心の世界である。これらは実は二つであって二つでないというのが真実な姿だということで、不二といういい方で呼んでいる。

だから、唯物論とか観念論とか、そういうように際立って対立してしまうということではなくて、もちろんものの世界の実在も十分に認めており、そうかといって、ものだけの世界ではなくして、心の貴さというものも説いており、ものと心とが互いに一つのものとして働いているという、そういう見方が密教の世界観の根底にある。それは空海の教えのいちばん大事なものの一つで、そういう意味で、前述の十住心のシステムが組み立てられている。

「十住心体系」について

この『十住心論』という書物なり、『秘蔵宝鑰』という書物を見ると、私どもの心の世界というものは無数にあるけれど、それを仮に十の段階に分けている。これは、少し大げさないい方をすると、空海の時代におけるところの、つまりそれまでに人類が歩んできた思想の鳥瞰図《ちょうかんず》とでもいうべきもので、あらゆる思想の発達の順序がこれによって示されている。もう一つは私どもの心が低い次元の世界から高次元の世界に、つまり低い段階から高められたところの世界へというように、しだいに私どもが精進努力し、人間性を磨くことによって心が高められていくのであるという、そういう心の世界の発達の順序を示したものである。こういう二つの意味合いが、これには含まれている。

十住心体系

- 顕教
  - 世間一般の思想
    - 第一住心…倫理以前の世界
    - 第二住心…倫理的世界（儒教・仏教の倫理道徳）
    - 第三住心…救済的宗教（道教・バラモン教、インド諸哲学）
  - 小乗仏教
    - 第四住心…声聞の教え
    - 第五住心…縁覚の教え
  - 大乗仏教に準ずるもの
    - 第六住心…法相宗
    - 第七住心…三論宗
    - 第八住心…天台宗

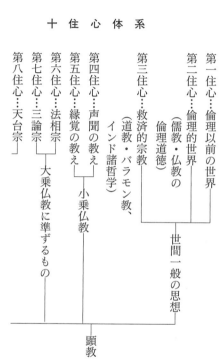

第九住心…華厳宗——真実の大乗仏教
第十住心…真言宗——秘密仏教——密教

まず最初の、第一住心からみていく。第一住心というのは倫理以前の世界である。つまり人間とはいっても、闘争に明け暮れたり、あるいは弱肉強食の世界、あるいは本能のままに、なすがままにただ生きているだけという、そういう心の世界を第一住心というように据え、ここからまず出発していく。これは無知なもので、自分が迷いの世界にいるということさえも悟っていない、そういうまったく無自覚な精神状態の、そうした世界を第一住心と呼んでおり、いちおう私は倫理以前の世界というように名づけている。

次に第二住心。第一住心のまったく無自覚な状態から、わずかにある縁に触れて、反省の心を呼び起こすというか、「ちょっと待てよ、これでいいかな」というように思う、そういう心が生じた段階であるというので、空海は、他の縁によって、つまり何かの機縁に触れてたちまち節食《せつじき》を思うと説いている。これは私ども人間の生活の根底をなす非常に大事なことだが、自分だけが食べておなかがいっぱいになればいいということでなくて、そのものを自分のみならず、ほかの人にも分けて、ともに食べるという、そこからまず倫理の世界が始まるというのである。ほかの人に与えて差し上げるという心の芽生え。それはいってみると、穀物がまかれて最初に芽を出すようなものであると、そういうたとえをもって説いている。つまり倫理的世界というものがここで始まる。施与《せよ》ということを空海は根幹においている。これは倫理的な世界で、例として儒教道徳であるとか、仏教の戒律つまり仏教の倫理道徳が、ここで説かれている。これらは私たちの生活の中でもっとも基本的なものである。命あるものの命を故意に傷つけたり奪ったりしてはいけない、もちろん人を殺すなどということは、まったく人間性そのものにもとることである。それから与えられないにもかかわらず、人のものを取ること、これは盗みということになるとか、それからうそを言ってはいけないとか、そういうまったく基本的な生活倫理である。今日の世の中において私どもは、それすらも十分に守れないという向きがあるとすると、今日の社会的状況は第二住心までも及ばないということになってしまい、第一住心の世界ということになってしまう。

それから第三住心。これは難しい名前がつけられているが、たいへんなじみにくいと思うので、言葉を換えて説明する。倫理とか道徳は、私どもが現実の世界において生活を律していく場合の、いわば心の規則のようなもので、そういうものに従って、きちんと私どもの生活の道筋を整えなくてはいけないという教えで、これは現世における教えである。しかしながら死後の世界ということについては、教えは及んでいない。それで、いかにして私どもは安らかな生涯を終えるか、来世への志向によって、現実の世界のみならず、来世の功徳《くどく》を考えて、この世の中においてできるだけ自分の正しい心に従って、すばらしい生活をしなくてはいけないということが、第三住心で説かれる。

その例として、中国の道教の教えだとか、あるいはインドの宗教であるバラモン教とか、またはインドのいろいろな哲学、たとえば二元論哲学を説くサーンキヤ学派、自然哲学を説くヴァイシェーシカ学派の哲学思想、そういうものが挙げられている。これは倫理の世界よりもさらに深まった世界で、つまり目に見えない世界へ私どもが心を向けるということで、宗教的な自覚の始まりであると、こういうように空海は説いている。

以上、三つの住心は世間一般の思想としてまとめられている。

第四住心から、今度は仏教に入っていく。まず声聞《しょうもん》の教え。これは教えを聞いて悟るものという意味である。それから第五住心は縁覚《えんがく》の教えで、縁覚というのは、縁によって悟りを得るもので、これはほかの人から教えを聞いて、心を開いていくということではなくて、自分自身で悟りを得るというもので、そういうのを縁覚という。これはいってみれば、小乗仏教で、自分一人だけで理想の世界に到達すればいい、自分一人が悟りを得ればいいという、そういう個人本位の仏教の教えであるから、小乗といって、それに当てはめている。

その次の第六住心は法相宗《ほっそうしゅう》、第七住心は三論宗《さんろん》である。法相宗とか三論宗というのは、奈良仏教で六宗《ろくしゅう》という六つの宗派があり、その中のものである。この第六住心に至って初めて仏の慈悲の教えというものが出てくる。では法相宗という宗派は、どういうことを説くか。法相宗の教えは、私どもの心の世界を、もちろん宗教的な立場から、さまざまに分析をしていく。法相宗そこでは仏の悟りとしての認識、つまり仏陀的な認識を、いかにしたら得ることができるかということが説かれているが、空海が説いている法相宗の紹介のところでは、慈悲の教えというものが、最初に示されている。大乗仏教はこの慈悲から始まるわけだが、すべての人びとに対して仏の、つまり無条件の絶対の慈悲の心というものが働いている。自分一人だけではなくて、すべての人びとがともに幸せになっていくという、そういうことを念願としている、それが大乗仏教である。

第七住心というのは、三論宗という宗派に当てはめている。これも非常に難しい。仏教では、「空《くう》」ということをいうが、空の哲学とでもいったらいいかと思う。空というのはただ何もない、空っぽという意味ではない。あらゆる現象しているものが、実はそれだけのものとして、時間的にも空間的にも個々ばらばらに実在しているのではない、それ自体の存在というものはありえない。ということは言い換えると、あらゆるものはすべてその関係性において、何らかの関わりにおいて存在しているというようにみるから、それ自体のものの実在性というものはないわけである。そういう意味で空という言葉を使う。つまり、ものがそれ自体で実在するというように考えると、それに対して心のとらわれが生じるから、それを断ち切るために空の哲学というものが説かれている、こういうように空海はいう。それで、第六住心と第七住心は大乗仏教に準ずるものというういい方をしている。

次の第八住心は、天台《てんだい》宗という宗派に当てはめている。伝教大師最澄が比叡山を開いて、天台宗の開祖となった、その天台宗である。この『十住心論』『秘蔵宝鑰』が空海によって撰述されたのは、空海の五十七歳の年で、天長七年（八三〇）。このころはもう最澄は亡くなってい たが、天台宗をここに当てはめた。天台宗というのはどういう宗派であるか。私どものこの世界というものは、すべてが真実であると、そういうことを説いている。これは、ただ単に一切は空であるという空の哲学よりもさらに深いものがあるとする。空というのは、ただ固定したものの存在、つまり概念的存在の実在性を否定しているだけだが、すべてのものが真実であるというのは、そういう否定をとおして、今度はものの実相というものを肯定する、そのままでよしとするという意味ではなくして、否定をとおして肯定していくから、より深いものが認められるようになる。そこでこれを第八住心に当てはめる。

それから第九住心は華厳《けごん》宗である。これも奈良仏教の六宗の一つで、空海はこの華厳宗を非常に高く認めていた。さきほど『華厳経』という経典を般若三蔵から授けられたということをいった。つまり華厳宗で説くところの宇宙観は『華厳経』によるもので、これは悟りの世界が、非常に深まった世界である。つまり理論的にいうと、華厳宗は密教とほとんど変わりがないというように、空海は認めている。この第八住心と第九住心は、実際の真実の大乗仏教である、こういうふうになる。

以上、第一住心から第九住心までは、顕教という部類によって統括されているわけである。

それから最後の第十住心というのが真言宗である。これは秘密仏教というように、わかりやすく表現したが、いわゆる密教である。この密教は大日如来の教えであり、それは曼荼羅として表現されているところの世界である。ここで顕教と密教との区別立てができる。

実は第一住心から第十住心に至るまでというのは、いわば私どもの過去からの人類の思想史にあてはめて見ることができる。つまり倫理的な自覚がまだおこらない段階、それから人間らしい倫理に目覚めた段階、さらにそれから彼岸救済的な宗教に進み、来世あるいは死後の世界を志向するようになっていく。それによって少し安心がいく。たとえば赤ちゃんがお母さんに抱かれているとか、子牛が親牛のそばにくっついていると、その間は安心しているという、そういうのが彼岸救済的な宗教であると説いている。そしてだんだんと高められていく。

ついで小乗仏教の段階に入る。これはインドにおける釈尊の初期仏教である。それから仏教の宗派あるいは学派がたくさん分かれていく。それを阿毘達磨《あびだるま》仏教といい、第四、第五住心に当てはめられている。

インドの仏教がもう少し発達すると、いまからほぼ二千年前の西暦紀元の初期ごろから、大乗仏教という新しい時代に対応した仏教の大衆化運動がおこってくる。これは二つの大きな流れをもって発達していく。その一つは、インドで唯識派《ゆいしきは》と呼ばれた学派で、中国では法相宗という宗派になり、日本でも奈良の法相宗になる。もう一つはインドで中観派《ちゅうがんは》と呼ばれた学派で、三論宗となる。わかりやすくいうと、唯識派のほうは心理主義的な色彩の強い仏教の流れで、中観派は、論理主義的な色彩の強い学派である。だから、この大乗に準ずる第六、第七住心は、インドの大乗仏教の二大学派が含められていることになる。

それから第八住心の天台宗と第九住心の華厳宗というのは、中国仏教の、唐の時代の仏教を代表する二つの宗派で、この二つで中国仏教が総括されている。

それから、中唐を少し過ぎて空海は中国に渡ったが、そのころ宗派としていちばん新しく、インドからごく最近に中国に渡った密教に接することになる。つまりインドの大乗仏教の最高の発達段階において、現われたのが密教であり、史的発達の順序からみても、密教がいちばん最後に置かれているのは、客観的にみてもしごく当然のことである。広い意味の宗教とか哲学などを含みこんだ、そういう思想の歴史の発達の順序が、これでみごとに解明されているわけである。

そして同時に、低次元から高次元へと発達していく、私どもの精神構造が、これによってみごとに示されている。内容は非常に難しいが、要約すればそういうことになるのではないかと思われる。

図で説明してみよう。二重丸になっているうち、なかの丸は第一住心から第九住心までを収めたもの、その外周の丸は第十住心、つまり密教の世界で、空海は秘密荘厳住心《ひみつしょうごんじゅうしん》、略して秘密荘厳心といっている。荘厳というのは飾りという意味。仏の世界、私どもの宇宙生命が秘密の世界で、それは曼荼羅によってもわかるように、非常に豊かな五色の色彩によって象徴されるような生命の世界という意味で、荘厳（飾り）といっている。

この二重丸は、九顕十密、つまり第一住心から第九住心までは顕教の世界で、実はそれらは

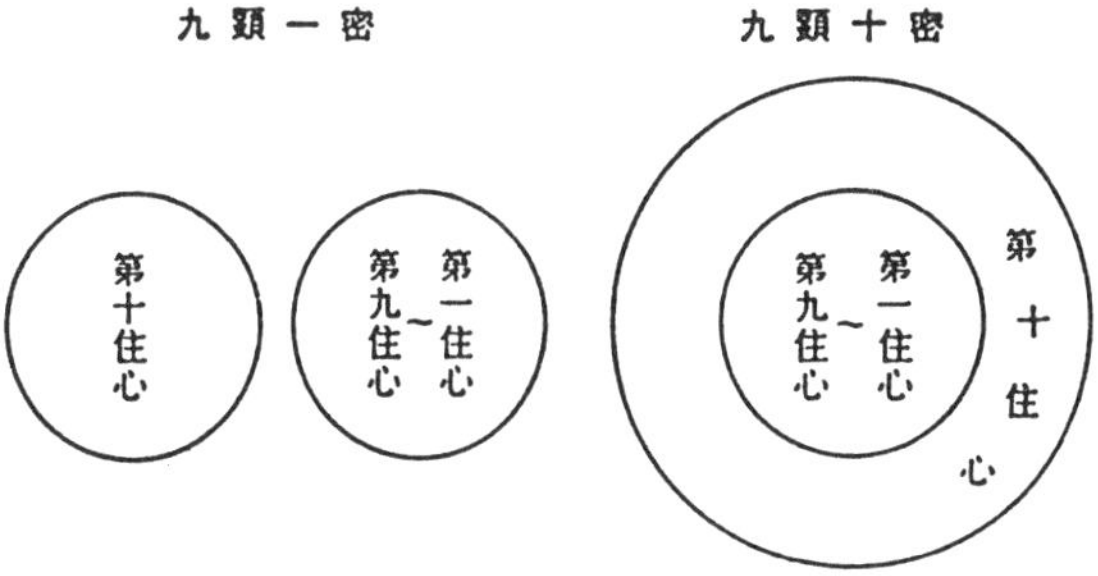

第十番目の秘密荘厳心という世界によって包み込まれているという、包摂関係を意味している。考えようもないような大きなスケールをもったものが、ここに示されているわけである。

たとえば、第三住心の彼岸救済的な宗教でいえば、道教でもバラモン教でも、インドのいろんな宗教のほうでも、これらは実は秘密荘厳心という大日如来の世界が、第三住心という形をとって、そこに現われ出ているのである。また第一住心の倫理以前の世界、私どもの人間的自覚のまだ現われない、動物の世界とほとんど変わりのないような、そういう未発達の心の世界であっても、秘密荘厳心の中に含まれてしまう。だから、けっして別のものではないわけで、ぜんぶが秘密荘厳心と呼ばれる第十住心の中に包摂されてしまう。そういういろいろの形をとって、秘密荘厳心の世界は展開しているのだと、そういう説き方をしているわけである。実は九顕、つまり、第一住心から第九住心までの九つのものは顕教であるけれど、しかしながらこの十の住心はすべて密教であるといういい方で呼んでいる。そういう構造が示されているのが、『秘密曼荼羅十住心論』である。

それからもう一つの図を見てみよう。丸が分けられている。これは私がわかりやすいように図式化したもので、九顕一密とあるが、この構造が示されているのが、さきほどいった『秘蔵宝鑰』という書物のほうである。第一住心から第九住心までは顕教で、第十の密教の生命の世界は、第一住心から第九住心までとはまったく別の世界で、つまり次元が違う。顕教と密教とは断絶している。それでこの二つ、つまり九顕十密と、九顕一密とを合わせてみる。ちょうど合わせ鏡のようにしてみると、非常におもしろい構造が認められる。つまり顕教と密教とはまったく次元が違う教えであって、超越していながら、しかも密教は顕教のすべてをその中に包摂してしまっている。こういう構造が示されているわけである。つまり、包摂関係にあることが分かる。空海には非常にたくさんの書物があるが、この『十住心論』と『秘蔵宝鑰』とはまさに双璧の書と呼んでいいもので、『十住心論』と『秘蔵宝鑰』は対になっている。『十住心論』のほうは「広論」、『秘蔵宝鑰』のほうは、『十住心論』を要約したもので「略論」というが、いまいったように、その構造が違うわけである。

空海の世界観は、もちろん、宗教的な実践への前提としての世界観である。これについてもう少し別の書物からみていかなくては十分に意を尽くすことができないが、約言すれば、万有すべてのものが宇宙生命とでもいうべき仏の命を宿しており、仏の姿そのものとして象徴されているという、非常に壮大な世界観である。たとえば、この物質世界は、すべての硬いものを意味する地とか、水（水といっても単なる水ではなくて流動体の液体）、火、風《ふう》（風は風《かぜ》という意味ではなくて空気)、そういうようにおおまかに分けられる。顕教ではそういうものは単なる物質としてみているが、密教では、地、水、火、風などに空つまり空間を含め、さらにもう一つ、識《しき》、つまり精神の世界を加える。前の五つのもの、地、水、火、風、空はこの宇宙の物質を構成しているところのもの、つまり粗大な物質の構成要素で、これを仏教の専門的用語では五大《ごだい》という。大というのは粗大な原質という意味である。空海はこれに識を加えて六大とした。ものの世界と心の世界というものは、一つのものとして働いているということを前提として、この六つの粗大な原質、つまり物質界と精神界をエレメントとして分け、こういうものから宇宙のすべてのものは成り立っているとみている。

六大より成り立っているこの宇宙そのものは、大日如来の生命の世界を象徴しているので、それを三昧《さんま》耶形《やぎよう》という言葉でいっている。つまり象徴的な形態ということである。仏の願いとでもいうべき、そういう根源的な生命の姿が私どもに恵みとして与えられ、一つひとつのものに宿っている。だから、そこに余分なものとか、あるいは切り捨ててしまうべきものとか、異端であるとか、そういうものは一つもないわけであって、そこにものがある限りは、必ず存在の必然性がある。一つひとつのものがみんな貴い存在の意義をもっている。これは命を持てる私どものみならず、その他のものの世界においてもすべてそうである。それが宇宙の実相であると、こういうように空海は説いている。

私どもは理論としてはそうだなと思っても、どういう形で訴えたら、いちばんそういう宇宙生命が、宗教的な情感をともなって、私どもの心によく理解できるかということが問題で、そこでマンダラという絵画的な表現によってそれを表現しようとする。

こういうふうに考えると、この十住心の体系は、要するに、マンダラの世界そのものを表わしているものであるといえる。マンダラの世界そのものを表わしているということは、『十住心論』の第十秘密荘厳住心を説いている初めのところで、私どものからだは無数にあって、それは胎蔵曼荼羅によって表現されている、心の世界は数限りなく、無限に展開しているけれど、それは金剛界曼荼羅として表現されている、その胎蔵曼荼羅と金剛界曼荼羅は、いわば裏表をなしていて、一つのものを別の面から見ているだけで、一つの世界である、そういうふうにいっている。その個所の原文を読んでみると、

「秘密荘厳住心とは、すなわちこれ究竟《くきょう》じて自心の源底を覚知し、実のごとく自身の数量を証悟す。いわゆる胎蔵海会の曼荼羅と、金剛界会の曼荼羅と、これなり。かくのごとき曼荼羅に、おのおの四種曼荼羅・四智印等あり、四種というは、摩訶《まか》と三昧耶《さんまや》と達磨《だるま》と羯《かつ》磨《ま》と、これなり。かくのごときの四種曼荼羅、その数、無量なり。刹塵《せつじん》も喩《ゆ》にあらず、海滴も何ぞ比せん。」

最初に述べたように、空海が二十四歳のときに書いた『三教指帰』では、儒教と道教と仏教との三つの教えを比較し、それはまさしく思想劇というのにふさわしい著作だと思う。このすばらしい思想劇は、思想の批判性と統合性を語ったもので、要するにいろいろな教えが世の中

にはあるが、それぞれ教えを受ける人の素質や能力などに違いがあり、そういった違いに当てはめていろいろな教えがあり、したがって並列的にそれらを比較批判すると、おのずからそれら相互には優劣が認められるが、総体的にみると、それらはそのままでいいのであるとして、それらを批判するとともに統合するような形で書かれている。

そういうように全体を総合的に統合するという方法で、空海はそれから三十三年後の天長七年（八三〇）、五十七歳のとき『十住心論』と『秘蔵宝鑰』という非常にみごとな体系的密教の書物を著述する。それはまさしく『三教指帰』が大きく結実したものということができる。

以上、空海の教えがどういうぐあいにして日本の密教の基礎となったかを考え、そのいちばん大事なものとして『十住心論』と『秘蔵宝鑰』とをみたわけである。

弘法大師空海と現代

空海の魂の遍歴—『三教指帰』

人類の歴史は、あとわずかで二十一世紀を迎える。

近年、いよいよ加速度化してきた科学技術文明の進展と国際間の緊張関係の高まりのなかにあって、われわれは人類の将来に対して、いちように不透明、不安、危惧の念を強めている。こうしたきびしい歴史的現実のなかにあって人類史の未来は、もとより夢と希望に満ちみちたものではあり得ない。

このような今日的状況のなかで迎えた弘法大師入定御遠忌一千百五十年（一九八五年）は、いかなる意義をもち、またわれわれは何をすべきであるか。

多種多彩な記念事業や記念行事は慶祝を表わすものとして喜ばしいことである。しかしながらまた、基本的には空海の根本精神に立ちかえり、今日的課題に真剣に取り組んでゆくことがどんなにたいせつかは、今さら贅言を要しないであろう。

古来、弘法大師空海ほど庶民大衆に親しまれ、民間信仰の対象となった仏者は他にいない。今日なお全国至るところに大師伝説がそれぞれの土地の人びとによって語り伝えられている。また説話、民話のたぐいも数限りなく伝承されているのである。

もとより中世以降、高野聖たちが入定信仰を主軸としたさまざまな大師信仰を唱導した功績は没すべからざるものがある。が、青年時代の空海は山岳修行に精進し、民衆のなかの修行者として確固とした位置を占めていたのであった。

このような庶民大衆にとっての空海の原像が形づくられた遠因はいくつか認められよう。ところで、さらにその本質的な事柄として、共存、融和、総合の天才としての空海の全体像を見のがすことができないであろう。これを二十一世紀への今日的課題として、取りあげてみたい。

空海が二十四歳のときに書いた『三教指帰《さんごうしいき》』三巻は、思想劇である。が、それはまた空海が儒教、道教、仏教と、おのれの魂の遍歴をした自伝をドラマツルギーの形で語ったものとみることもできるのである。

この思想劇は、いろいろの立場からさまざまに解釈することが可能だ。

筆者は、この『三教指帰』を、これ以前に書かれた別本『聾瞽《ろうこ》指帰《しいき》』三巻と比較するとき、『三教指帰』には序文と巻末の十韻詩とがある点を重視すべきであると思う。序文は空海の青年時代までの生いたちの記である。そのなかで、一沙門との出遇いによって求聞持法《ぐもんじほう》を授かり、四国の山野で久修練行《くしゆうれんぎよう》したことが記されている。その結果、青年空海が開眼したものは、都の栄華に対するシビアな批判と人間の不平等に対する深い懐疑であった。

最後の十韻詩は、上巻に登場した亀毛先生と中巻の虚亡隠士《きよぶいんし》と下巻の仮名乞児――空海の自画像――との三名の人物が唱和して幕が下りる、というものである。

空海は大乗仏教が最もすぐれたもの――あらゆる人びとに対する慈悲の教え――であるとしながらも、儒教と道教とをともに容認し、包摂する立場をとっている。書名が意味するところの「三教の指帰」のとおりである。

空海が仏法のおこなわれる場が一切衆生であることを明確にしている点が一つ、もう一つ思想の共存と総合との立場を打ち出している点は注目すべきである。この事はやがて、空海五十七歳のときに撰述した『秘密曼荼羅十住心論《ひみつまんだらじゆうじゆうしんろん》』十巻、『秘蔵宝鑰《ひぞうほうやく》』三巻となって、ものの見事に結晶したのである。この両著は空海の主著である。その理由は、曼荼羅として具象化される密教真理の世界が、空海密教の立場において開顕されているからである。

渡辺照宏博士は、かつて『三教指帰』に匹敵する文学を西欧文学にもとめるとすれば、ゲーテの教養小説『ウィルヘルム・マイスター』であろう、といわれたことがある。そうした視点から、『秘密曼荼羅十住心論』『秘蔵宝鑰』を読むと、この両著も空海の生涯にわたる思想と求道の遍歴の書であると見ることができる。

すでに知られているように、両著は低次元より高次元へと進む人間精神の向上的発展を説いたものであると同時に、人類思想史を鳥瞰したものであって、全く比類なき壮大な世界が開示されている。それはまさしく曼荼羅の現実的な見取図だといってよい。

ところで、これを『三教指帰』にみられる求道青年、空海の延長線上に置くならば、たんなる密教世界を顕現した著書ではなく、空海その人が密教の秘密荘厳住心に到達するまでの自伝でもあるといえよう。すなわち、『三教指帰』で空海が上巻を儒教、中巻を道教にあてているように、二十四歳でこの書を著すまでの思想遍歴期が第一より第三までの、いわゆる世間三箇住心に対応する。第一住心に蛭牙《しつが》公子を挙げたのは、空海の母方の甥があって、「性、佷戾《こんれい》にして、鷹犬・酒色昼夜に楽しみとし、博戯遊俠、常の事とす。その習性を顧みるに陶染（＝環境）の致すところなり」（序）とある人物がモデルになっているのである。

要するに、空海があらゆる人類の異なった思想の世界を体験し、さらに『三教指帰』以後、三十一歳のときに入唐するまでの数年間、奈良で学んだ六宗のうち、律は第二住心、毘曇・倶舎は第四、第五住心の小乗（二乗）、法相・三論は第六、第七住心の権大乗、すなわち法相・唯識派と三論・中観派、実大乗の華厳は第九住心、同じく平安新仏教の天台は第八住心とする。

そして入唐帰朝後、体系化された密教を第十住心とする。

このようにして、初期仏教、部派仏教、インド大乗仏教の二大潮流である唯識派と中観派、中国仏教の双璧で平安・奈良仏教の雄である天台・華厳、そしてインド直伝の最新の仏教である密教によって構成されている十住心体系は、『三教指帰』以後の仮名乞児が仏教の求道遍歴によって形成されたものにほかならない。しかも、それがインド・中国・日本における仏教の歴史の流れそのものを内実としていることは、まさに驚嘆すべきである。

（十住心体系）	（『三教指帰』）	
第一異生羝羊住心	蛭牙公子	上巻
第二愚童持斎住心	儒教（亀毛先生）	上巻
第三嬰童無畏住心	道教（虚亡隠士）	中巻
第四唯蘊無我住心 第五抜業因種住心 第六他縁大乗住心 第七覚心不生住心 第八一道無為住心 第九極無自性住心 第十秘密荘厳住心	仏教（仮名乞児）	下巻

宇宙生命交響楽の指揮者

『秘密曼荼羅十住心論』『秘蔵宝鑰』は、共存、融和、総合の論理をもって一貫した構造が組みたてられている。密教が顕教の対極をなすものというのではなく、超越的な包摂として異質の思想をもすべて総合的に統一しながら、全体的な調和のなかに個性が生かされているのである。

こうした密教の論理は、空海の全著作にわたって認められる。しかも、それは教義に関するものだけでなく、文芸や書、その他万般にもいちように見出すことができる。

その一例として、『文鏡秘府論《ぶんきようひふろん》』五巻を取りあげてみよう。

先年、弘法大師御遠忌千百五十年記念出版として、『弘法大師空海全集』全八巻（筑摩書房刊）が刊行された。このなかの第五巻詩文篇一「文鏡秘府論」は、興膳宏京都大学助教授（現、京都国立博物館館長）の担当である。

『文鏡秘府論』は広本、『文筆眼心抄』は略本とよばれるが、これは空海の真作ではない。『文鏡秘府論』は世界的に注目されている。たとえば、世界的な言語学者ヤコブソンがかつて来日したとき、日本に来て最初に読みたい本は、という質問に対して、『文鏡秘府論』だといったのは、語り草になっているほどである。

すでに、明治時代に幸田露伴、谷本富、内藤湖南ら多くの文人、学者によって『文鏡秘府論』が世界唯一の唐代逸書の宝庫であることが指摘され、注意が喚起されたのであった。加地哲定、小西甚一らの先人の研究もさることながら、今回の全集所収本は現代語訳というだけにとどまらず、従来の研究の集大成としても注目された。

革命後の中国でも、今日までに数種の出版があるのをみても、いかに国際的に重要な文芸の書であるかが分かるであろう。

筆者の手元にある『内藤湖南全集』第九巻をみると、「弘法大師の文芸」（日本文化史研究）という一文が収めてある。これは明治四十五年（一九一二）六月十五日弘法大師降誕会講演の筆記である。ここに『文鏡秘府論』『篆隷万象名義《てんれいばんしょうみょうぎ》』その他空海の書に関すること、真跡などが取りあげられている。

さすが一代の碩学であった湖南は、手持ちの『文鏡秘府論』の上欄に気がついたことをそのつど書き入れているので、それを手懸りに話をすすめたというものである。

なぜ『文鏡秘府論』かといえば、当時、空海は詩文の手引きとなるものを念願して作った。しかし、仏者である私は修禅に明けくれているので、そうした禅関の余暇に筆をとったにすぎない、と序論でのべているが、その内容は非常に高度な作詩文概論であるとともに文芸評論でもある。

参考にしたものの一つに盛唐の詩人であった王昌齢の『詩格』がある。これは空海の詩文集『遍照発揮性霊集《へんじょうはっきしょうりょうしゅう》』巻第四所収「雑文を献ずる表一首」のうちに王昌齢集一巻とある、その人である。この表は弘仁三年（八一二）七月二十九日、空海が嵯峨帝に献上した書跡に添えている。

また、序論に挙げる沈約、劉善経、王昌齢、皎然、崔融、元兢などの詩論を空海はすべて参考に用いて、総合的な独自の詩論をきわめて論理的に展開している。これらの人びとは多く唐代に活動したのであるが、それらの著作は伝えられていない。また巻末に『帝徳録』というものをほとんど全文引用しているが、これも現在、伝えられていない。『隋書』経籍志、『旧唐書』経籍志、『新唐書』芸文志、藤原佐世の『日本国現在書目録』には、右の詩論書のいずれかが記載されているが、原本のおもかげは全く『文鏡秘府論』によってのみしか窺うことができないのである。たとえば、劉善経の『四声指帰』の引用によって中国六朝時代の四声に関する議論を知る手懸りが得られる。これも、『文鏡秘府論』を措いて他に資料はない。

右は内藤湖南が指摘したことであって、つまり、この空海の著作がなぜ世界的に重要な文芸的価値をもったものであるかが、その時の講演で端的に述べられているのである。

詩論の詳細な内容については、前記『空海全集』を見ていただきたい。ただ、筆者が注目したいのは、空海が唐代の代表的な詩論を網羅的に蒐集して、克明に研究した結果、それらを総合した独自の詩論を作り上げたことである。

総合の天才といってしまえばそれまでであるが、空海があらゆる文化活動、社会活動に至るまで、その天分を発揮したことは想像以上のものがあるといわなければならない。

空海が庶民の子弟のために綜藝種智院《しゅげいしゅちいん》を開設したのは、天長五年（八二八）十二月十五日のことであった。この校名「綜藝種智」は『大日経』に典拠があり、あらゆる学芸を総合的に統一することを意味する。その教育理想⑴教育環境の整備⑵総合教育⑶良師⑷師弟の完全給費制）において総合教育をいかに重視しているかは、インド・中国のすべての学問分野を例示していることによって、これを知ることができる。つまり、空海自身が学芸の総合の実践者であった。

「いまだ有《あ》らず、一味美膳をなし、片音妙曲を調《しら》ぶること。」（「綜藝種智院式并序」）

これが空海の総合教育の根本理念であった。また、「物の興廃は必ず人による。人の昇沈は定めて道に在り、大海は衆流によって深きことを致す。蘇迷（＝須弥山）は積塵を待って高きことをなす云々」というのが、空海の信念とするところであった。

『秘密曼荼羅十住心論』『秘蔵宝鑰』に結晶された壮大な宇宙的構想は、まさしく総合の総決算であるといえよう。

宇宙生命交響楽の名指揮者・空海。

総合的な共存の論理

異なった価値体系、相互に相違する世界観の統合的共存の思想は、宗教における多神教の形態と密接な関係を有する。そして、空海の密教にみられる典型的な統合的共存の論理は、もとより曼荼羅そのものとして具現されているけれども、その淵源するところの歴史的思想的背景が理解されなければならないであろう。

数千年前のインダス文明の時代にすでにインドでは多神教の宗教形態が認められる。インドアリアン民族がインドに移住したころ、『リグ・ヴェーダ聖典』が編纂され、同じく豊かな多神信仰がおこなわれていた。そして非アリアン系の神々とアリアン系の神々との複合化は、インド文化史そのものの過程を形成してきたのであった。

複合文化は初期仏教においてすでにみられるが、大乗仏教は汎仏論（＝汎神論）の立場をとり、密教の曼荼羅はその究極的な形態を様式化したものである。

かつて、ヴェーダの詩人は多神の存在に対して、「賢者は唯一なるものをさまざまの名でよぶ」という解答を与えたのであった。現実的にインドは多神の共存する国土である。そこには一神論の支配する世界の排他性と同一性とはおのずから異なった思惟と論理が顕著に認められる。

「一体をなして分割されざる一つの神を信じて、その性質の多様な様相を思わぬことは、即ち抽象的な一つの神を信ずることである。——もしわれわれが神をそのすべての表われにおいて崇めようと欲するならば、われわれはその表われに一々神の名をつけるであろう。」（ロマン・ローラン著・宮本正清訳『ラーマ・クリシュナの生涯』）

「すべての宗教は同一点に集まる各方面からの道路の如きものである。同一の目的に到達するのならば、異なれる道路を取ることはなんの差支えもない。」（『ガーンディー聖書』岩波文庫本）

このような思惟と論理は密教の曼荼羅の原理そのものでもある。そして、空海密教はさきにのべたように、その最もすぐれた結実として、共存、融和、統合の思惟と論理を総合的共存の構造にまで高めている。

一神教の宗教が多様な民間信仰を絶滅したり、他宗教の存在を否定排除することによって宗教的真理を普及しようとしたために宗教戦争まで引き起こしたことは、歴史的事実である。

江戸時代の民衆密教家、蓮体《れんだい》は『真言開庫集《しんごんかいくしゅう》』という仮名法語のなかで、空海密教の核心を指摘しながら、端的に次のように説いている。

「曼荼羅の聖衆は声聞・縁覚・世天等なれども、皆、大毘盧遮那仏身に同じ。曼荼羅の諸尊はみな到於《とうお》実際《じっさい》の聖衆なれば浅深高下《せんじんこうげ》のあることなし。」

近代世界の支配者であるヨーロッパ人の宗教は砂漠遊牧民族の一神教に起源する。矛盾対立に終始する非寛容の精神、科学技術文明による世界の一様化の根底に存在する唯一なる世界観。それらは、現在、力の論理による他者の排除否定という世界像が地球的な規模において人類を支配するという結果をもたらしているのである。

力の論理が生んだ核の脅威。そして今や人類は絶滅か生存か、死か生か、の二者択一を迫られている。

力の論理がはたらくところには、力の均衡による世界平和の維持ということしかあり得ない。二極化それ自らは力の論理を克服する論理を持ち合わせていないというパラドックスがある。

空海密教の曼荼羅には、力の論理とは異なった総合的共存の論理を見出すことができる。また空海の三昧耶戒のなかに大衆の利益に反する行動を戒めた条項がある。

イデオロギーや政治的立場、信条の相違などを超えて、現実的に総合的共存の論理をどのように実践していくかということは、御遠忌の課題であるばかりでなく、人類が二十一世紀に生きるための人類の英知と行動とに関わっているものである、と確信する。

密厳浄土

はじめに

密厳浄土とは、どのような浄土なのだろうか。
その創唱者である覚鑁《かくばん》（興教大師《こうぎょうだいし》、一〇九五～一一四三）は、平安後期の院政期に空海の教学を再興し新時代の息吹きをふきこんだ人物である。密厳尊者と称されるように熱烈な密厳浄土の信仰を鼓吹し、密教的浄土教を創唱した。

密教史上からみるならば、彼は中国、日本の浄土教において特異な浄土観を確立し、秘密念仏に理論的な基礎を与えたのであった。当時、こうした密教の基本的な教学にもとづいた密厳浄土観が、どのように一般に理解されていただろうか。それはともあれ、鎌倉初期に高野山の道範が著した『秘密念仏鈔』は、まさしく覚鑁の密教的浄土観にもとづいて秘密念仏思想を展開したすぐれた作品である。

だが、高野聖の往生浄土、阿弥陀信仰に秘密念仏がどのように融合していったかはまだほとんど解明されていないようである。

ただ、今日われわれが注目してよいのは、たとえば密厳浄土の具現化すなわち高野山を現世の浄土と見立てた高野山浄土信仰は、この山を内外八葉の峰に囲まれた浄土に見立てたことであって、これは明らかに高野山の地形そのものを胎蔵曼荼羅の中台八葉院としたことだということである。

また、時代は下るが、秘密念仏は江戸時代に密教の職業倫理を一般庶民に普及させる原動力ともなった。豊山の法住が著した『秘密念仏広話』『秘密念仏略話』等々、まさしくそれである。

新たな成仏論の提唱

さて、覚鑁の密厳浄土思想の背景には、曼荼羅理論に同時代の浄土信仰をどのように融合調和させるかという信仰上の、少なくとも密教家にとっての共通の課題があり、換言すれば、空海の密教教学への回帰と、同時に時代思潮に対する対応とが織りなされて、覚鑁自身の固有の信仰を形成し得たといえよう。

時はやがて鎌倉時代を迎えようとし、源空の浄土宗、親鸞の浄土真宗などの新仏教が興起する前夜である。そして、すでに阿弥陀信仰は滔々として天下を風靡していた。覚鑁が高野山上に大伝法院を建立して空海教学を復興したのも、決して単純なリバイバルではなく、むしろそうした時代思潮の大勢に対して密教の立場からどのように取り組まねばならないかということが、覚鑁に強く意識されていたからにちがいない。密教の立場からいうところの顕教、つまり一般仏教における浄土教の主眼は、覚鑁にとって次のように認識されていたようである。もっともこれらは時代の共通認識であったかも知れないが……。


㈠浄土教の教主は阿弥陀如来であること。

㈡西方極楽浄土は浄土教の浄土すなわち阿弥陀如来の仏国土であること。

㈢西方十万億土を隔てた所にある極楽浄土に必ず往生すること。

㈣臨終正念、来迎引接を願うためにはすべての雑行を排してひたすら念仏行に励むべきこと。


これに対して、密教の立場からはおよそ次のような問題が提起されよう。


㈠阿弥陀如来とはいかなる仏であるか。

㈡浄土を西方十万億土だけに限定するのはなぜか。

㈢極楽往生の信仰において現身成仏（即身成仏）はどのようにみるべきであるか。

㈣臨終正念、来迎引接は阿弥陀信仰に限定されるべきであるか。


覚鑁の密厳浄土観はほぼこれらの四項を包摂し密教の立場から明快に解答したかたちをとっていると思われるので、以下、右の問いかけをひとつの目安として、彼の密厳浄土観をうかがってみることにしたい。

まず最初に㈠㈡項をまとめて論述する。

真言密教には空海が唐から請来した両部曼荼羅があり、密教の教主はいうまでもなく大毘盧遮那如来すなわち大日如来である。両部は胎蔵宗と金剛頂宗で、両部の曼荼羅は胎蔵（＝大悲胎蔵生）曼荼羅と金剛界曼荼羅とである。金剛界曼荼羅つまり九会曼荼羅は中央の金剛界大曼荼羅（成身会、羯磨会なども）が中心であって、五如来のうちの中尊大日如来に対して西方に無量寿如来すなわち阿弥陀如来を配する。これに対して胎蔵曼荼羅の中台八葉院においても同じく五如来のうちの中尊大日如来に対して西方に阿弥陀如来を配する。

覚鑁は金剛界に対するのに胎蔵界の呼称をもってし、両部不二もしくは両界不二の思想を打ち出したのであった。そして、両部曼荼羅における唯一の共通項は主尊大日如来の普門が西方阿弥陀如来の一門のかたちをとって顕現していることであり、かつ覚鑁が密教的浄土教を説く場合に最も意識していたのは、曼荼羅理論において阿弥陀如来と大日如来とが二而不二の関係性にあることであった、と思われる。そのために、主著『五輪九字明秘密釈』が書かれ、逆に浄土教の阿弥陀如来が密教の教主大日如来とどのように関わるかについて明らかならしめるために『阿弥陀秘釈』を著して、阿弥陀如来を密教の実践体系に位置づける必要があったわけである。

『五輪九字明秘密釈』（別名『頓悟往生秘観』。略称『五輪九字秘釈』）は、大日即弥陀、密厳浄土即西方浄土を説き、自性法身大日如来が応化身たる阿弥陀如来として顕現しているという立場から法身胎蔵界大日の真言 a, va, ra, ha, kha の五字と弥陀九字明の oṃ, a, mṛ, ta, te, je, ha, ra, hūṃ との秘義を説き明かしている。そして、これは覚鑁の阿弥陀信仰がもっとも鮮明に表明されている著作のひとつである。この秘釈にもとづいて、後代にいくつかの撰述がなされた。そのうちの代表的なものに、道範『五智五蔵等秘密抄』一巻、隆瑜『五輪九字秘釈拾要記』五巻、曇寂『中因東因記』一巻などがある。『秘密釈』の冒頭に、次のようにある。

　窃《ひそか》に惟《おもんみ》れば二七（＝九会五部の金剛界）の曼荼羅は大日帝王の内証、弥陀世尊の肝心、現生大覚（＝現生成仏、即身成仏）の普門、順次往生の一道なり。所以いかんとなれば、纔見纔聞の類は、見仏聞法をこの生に遂げ、一観一念の流《たぐい》は、離苦得楽を即身に果す。いはんや、また、信根清浄にして慇懃《いんぎん》に修行すれば、すなはち大日如来の覚位、証得を反掌に取り、弥陀善逝の浄土、往生を称名に期す。称名の善、なほし是くの如し。観実の功徳、あに虚しからんや。

ここには密教の合言葉である即身成仏に加えるに、後の浄土宗（鎮西派など）の眼目である称名正因が併説され、称名念仏によって往生浄土が得られるのだから、ましてや観照実相の功徳すなわち即身成仏の実現が虚しいことがあろうか、という大前提のもとに、覚鑁独自の二重構造をもつ成仏論が説かれている。

新たな浄土観—娑婆即極楽

ついで、密教の立場で大日即弥陀、密厳浄土即極楽浄土であることを明らかにする。

顕教には釈尊の外に弥陀あり、密蔵には大日すなはち弥陀、極楽の教主なり。まさに知るべし、十方浄土は皆これ一仏の化土、一切如来は悉く是れ大日なり。毘盧、弥陀は同体の異名、極楽・密厳は名、異にして、一処なり。妙観察智の神力加持をもつて、大日の体の上に弥陀の相を現ず。およそ是くの如くの観を得れば、上《かみ》、諸仏菩薩賢聖《けんじょう》を尽し、下《しも》、世天竜鬼八部に至るまで、大日如来の体にあらざることなし。（中略）

惜しいかな、古賢、難易を西土に諍ふことを。悦《よろこば》しいかな、今愚、往生を当処に得ることを。

これは、まず最初に暗黙裡に顕教では釈尊が開祖であるから、浄土教の教主阿弥陀如来はそれとは別体であるとするのに対して、密教は大日如来が教主であるから、弥陀と大日とは同体であることを説示する。そして、十方浄土は自性法身大日如来の変化身の住する国土であるから、当然のことながら、西方浄土は弥陀一仏の化土にすぎない。逆説すれば阿弥陀如来をもふくむ一切如来はとりもなおさず大日如来の顕現だということになる。

これをたてまえとする以上、大日と弥陀とは等式で結ばれる存在であって、いわゆる同体異名である。したがってまた、極楽浄土と密厳浄土も異名同処でなければならない道理である。また、五智（法界体性智・大円鏡智・平等性智・妙観察智・成所作智）のうちの大日如来の法界体性智を開いて四智とし、四智より四仏（金剛界の場合は、阿閦・宝生・弥陀・不空成就。胎蔵界の場合は、宝幢・開敷華王・弥陀・天鼓雷音）を流出するので、こうした曼荼羅理論からすれば妙観察智の加持力によって大日如来の本体より弥陀の相を現ずることになる。

さらに、古の賢者が往生浄土を易行道とし、余他すなわち即身成仏のごときを難行道として退けたのに対して、今の愚者である覚鑁わたくしは当処往生を得ること、すなわち後述するように現身往生（即身成仏）と順次往生を実現するのだとして、暗に浄土教批判をおこなっていることが知られよう。

だから、密教の立場においては、本来、西方極楽浄土は十方浄土としての密厳浄土に包摂されるべき存在なのである。この点に関して、覚鑁は『一期大要秘密集』の「七、極楽を観念する用心門」で、さらに次のように説く。

師子三蔵の意に云く、顕教に云く、「極楽とはこれより西方、十万億を過ぎて仏土あり。仏はこれ弥陀、宝《(法)》蔵比丘の証果なり」と。「密教に云く、十方の極楽は皆これ一仏の土なり。一切如来は皆これ一仏の身なり」と。娑婆に殊にして、さらに極楽を観ずることなし。何ぞ必ずしも十万億土を隔てん。大日を離れて別に弥陀あるにあらず。また、何ぞ宝《(法)》蔵唱覚の弥陀ならんや。密厳浄土は大日の宮位、極楽世界は弥陀の心地なり。弥陀は大日の智用、大日は弥陀の理体なり。然るに、かの極楽はいづれの処ぞ、十方に遍ぜり。観念の禅房、あに異処あらんや。此《か》くの如く観ずる時、娑婆を起《たた》ずして忽ちに極楽に生ず。我が身、弥陀に入りぬ。弥陀を替へずして、すなはち大日と成る。吾が身、大日より出づ、これすなはち即身成仏の妙観なり。

真言密教伝持の唐の善無畏《ぜんむい》の文言を引用して、顕教における浄土教では西方極楽浄土を説き、密教では十方極楽浄土であるという。したがって、密教の浄土観では西方十万億土を隔てる必要がないから、現世の娑婆と来世の極楽を区別することもない。つまり三世十方の密厳浄土観からするならば、法蔵菩薩唱覚の阿弥陀如来のみを認めることにはならないわけである。

もちろん、密厳浄土の大日如来と極楽世界の阿弥陀如来との関係は、弥陀が大日の智用としての妙観察智より流出したものであるのに対して、大日は弥陀の理法の本体つまり自性法身なのである。

また、「密教は極楽の総体、極楽は密厳の別徳なり。最上の妙楽、密厳にこれを集む。極楽の称、弥陀の号、これより起れり」とあるのは、密厳浄土と西方浄土とは包摂関係にあって、密厳浄土を西方十万億土に限局したのが阿弥陀如来の極楽浄土にほかならないとするものである。

さらに、「娑婆に殊にして、さらに極楽を観ずることなし。何ぞ必ずしも十万億土を隔てん」とあるのを受けて、文脈は「然るに、かの極楽はいづれの処ぞ、十方に遍ぜり。観念の禅房、あに異処あらんや。此《か》くの如く観ずる時、娑婆を起《た》たずして忽ちに極楽に生ず」と続いている。

娑婆即極楽のテーゼについては『法華玄義』などにもとづく台密の常寂光土あるいは娑婆即寂光土の思想的影響が考えられないこともないが、覚鑁の娑婆即極楽はまさしく密厳浄土観に由来することはいうまでもないであろう。

密厳浄土こそ仏国土

密厳は秘密荘厳の略称で、荘厳はこの場合に限りマンダラ（maṇḍala 曼荼羅）の訳語だから、密厳は秘密曼荼羅と同義語である。空海の全撰述のうちに『秘密曼荼羅教付法伝』『秘密曼荼羅十住心論』という書名にあるのが、それである。ただし、密教に関しては密厳国土という語を空海はたった一回用いているだけである。すなわち『秘蔵宝鑰』の第十秘密荘厳心において、次のようにいう。

この菩提心はよく一切諸仏の功徳の法を包蔵するが故に、もし修証し出現すればすなはち一切の導師となる。もし本に帰すればすなはちこれ密厳国土なり。座を起たずしてよく一切の仏事を成す。

しかも、これは空海自身の言葉ではなくて、竜猛《りゅうみょう》の『菩提心論』を引用した一節である。通常、密厳国土は身・口・意の三密によって荘厳された大道場で、法身大日如来の仏国土を意味する。曼荼羅理論からすれば、それは当然のことながら十方の仏国土であるが、空海には十方国土という表現はなく、ましてや十方浄土もしくは密厳浄土の語は全く覚鑁の創見であるといわなければならない。しかも、密厳国土をあえて密厳浄土とよぶのは明らかに浄土教の極楽浄土を意識しての名称であることはいうまでもなかろう。

覚鑁は『密厳浄土略観』の冒頭に密厳浄土を定義づけていう。

それ密厳浄土とは、大日心王の蓮都、遍照法帝の金刹、秘密荘厳の住処、曼荼浄妙の境界なり。

ここに「曼荼浄妙の境界」というのは、三密成仏の実現された世界であり、換言すれば衆生本具の曼荼羅が現成することにほかならない。地・水・火・風・空・識の六大を三昧耶形すなわち象徴形態とするところの六大法身の呼称は覚鑁の独創であって、六大法身を「曼荼浄妙の境界」として捉えるとき、覚鑁の密厳浄土は極めて具象的な存在である。すなわち万有一切を曼荼羅の世界とみる。

この点について、同じく『密厳浄土略観』に説く。

ゆえに草庵、金場（＝金剛菩提道場）に変じ、穢土すなはち浄刹なり。森々たる卉木《きぼく》、悉くこれ三等（＝身・口・意の三密平等）の法身、蠢々《しゅんしゅん》たる群類、僉《みな》また六大の性仏（＝法身）ならむ。情非情の声響は曼荼［羅］にあらざることなく、覚不覚の心念は定慧にあらざることなし。

この視点からすれば、応化身の阿弥陀如来の西方極楽浄土というのはいわば方便門の所説であって、真実門である密厳浄土への導きのプロセスだということになる。これに関しては次のようにのべて、結んでいる。

もしまた願行浅弱にして、機縁いまだ熟せざるをば、しばらく応化の浄土に安《やす》む。次に法性の妙国（＝密厳浄土）に迎へ、時に応じて九界の迷因を超えて、即身に三密の仏果を開かしむ。

密教における阿弥陀如来

ところで、娑婆即極楽の実現は三密行の実践に俟たねばならないところで、弥陀と大日とは一体不離であるから、娑婆を起たずして、すなわち西方極楽浄土に往生する場合、次のような覚鑁独自の入我我入観が説かれる。『一期大要秘密集』にこれを「即身成仏の妙観」とよんでいる。

我が身、弥陀に入りぬ。弥陀を替へずして、すなはち大日となる。吾が身、大日より出づ、これすなはち即身成仏の妙観なり。

我身↓弥陀＝大日↓我身の構図は三密行に限らず、称名念仏によって臨終に正念を得たときでも弥陀即大日なのであるから大日の来迎引接に預かるということになる。たとえば『述懐詞』にいう。

いはゆる臨終の尅《とき》、入滅の時、もし生を離るることを遂《と》げず、成仏を果すことなくば、また正念を得て、定《さだ》んで倒想を離れ、忽ちに大日の来迎に預り、速かに遍照（＝大日）の引接を感ぜん。

すでにみたように、密教の立場からすれば阿弥陀如来の西方極楽浄土は実は法身大日如来の三世十方の密厳浄土つまり衆生本［来］具［有］の曼荼羅の世界を西方十万億土に限局したものにすぎない。そして、西方極楽浄土の阿弥陀如来は密教の立場からはどのようにみられるか、ということが端的に説かれているのが、覚鑁の『阿弥陀秘釈』であろう。その当初に阿弥陀如来を定義づけていう。

阿弥陀仏とは、これ自性法身観察の智体、一切衆生覚了の通依なり。

阿弥陀如来というのは自性法身である大日如来の法界体性智を開いたところの妙観察智の本体であり、それはとりもなおさず一切衆生のさとりの智慧の共通の依所だとするのである。しかるに、顕教の浄土教では一切衆生と阿弥陀如来、娑婆と極楽とを異次元的に差別している。だが、これはいわば善巧方便であるにすぎないとして、同じく『阿弥陀秘釈』にいう。

己身の外に仏身を説き、穢土の外に浄刹を示すが如きに至つては、深著の凡愚を勧め、極悪の衆生を利益せんがためなり。

この一文は、願生浄土、願生安楽国をもって浄土教の信仰の核心とする立場からすれば、驚くべきほどの異質な発言であったに違いない。

さらに、この撰述では阿弥陀の十三種の翻名（⑴無量寿仏⑵無量光仏⑶無辺光仏⑷無礙光仏⑸無対光仏⑹炎王光仏⑺歓喜光仏⑻智慧光仏⑼不断光仏⑽難思光仏⑾無称光仏⑿清浄光仏⒀超日月光仏）を挙げて、これらはいずれも大日如来を名づけたものであるとして、阿弥陀如来のみならず、あらゆる諸仏菩薩はすべて大日如来の異名であり、差別智印すなわち大日如来の一門である諸尊の無量のそれぞれのさとりの智慧によってすべてを明らかに洞察するはたらきをもつとするのである。すなわち、右の書にいう。

この故に、十方三世の諸仏菩薩の名号は、悉く一大法身の異名なり。また十方三世の諸仏菩薩は皆大日如来の差別智印なり。

こうして、一転、称名念仏、一念弥陀仏の功徳を讃えるのであるが、それは称名・念仏が大日如来の密号名字である阿弥陀如来の口称・念誦にほかならないからだとするのである。すなわち、

ないし一切衆生の所出の言語、密号名字にあらざることなし。(中略)この故に、阿弥陀の三字を唱ふれば、無始の重罪を滅し、阿弥陀の一仏を念ずれば、無終の福智を成ずること、帝網の一珠に、頓に無尽の珠像を現ずるが如く、弥陀の一仏、速かに無辺の性徳を満ずるなり。

覚鑁の先駆性—密浄の統一へ

阿弥陀如来と大日如来、極楽浄土と密厳浄土をめぐって浄土教と密教とを覚鑁の立場でどのように会通したかをみたのであるが、要するに、密教の曼荼羅理論にもとづいて浄土教を密教に内包することによって、現実の浄土教の信仰を密教的な立場で深化したといえよう。

覚鑁は『五輪九字明秘密釈』で二重往生論を明らかにしている。一つは現身往生、他は順次往生である。現身往生は三密行の実践による即身成仏であり、順次往生は臨終正念による願生

浄土であって、即身成仏に対する但信往生である。順次往生をさらに不生而生と生而不生に分ける。よしんば現世において即身成仏が得られなくても、必ず願生浄土が得られることによって何びとも往生成仏を実践することができるとするのである。

この点、鎌倉浄土教が聖道門を排除否定して浄土門を確立し、とくに親鸞になると自力を放棄して絶対他力本願に徹したのと著しく異なるといえよう。

順次往生を右のように分けているのは注目すべきである。これを密教的に理解するならば、順次往生の生を捉えた場合、本来阿字本不生であるべきであるが、われわれの生は現象的事象として現世に生を享けているのであるか、あるいは、われわれの生は往生つまり文字どおりに往きて生ずることによって本来の不生に還帰するのであるか、ということである。

即身成仏すなわち一生成仏（＝現生成仏）は三密行の実践である瑜伽観行の成就にほかならないが、覚鑁は当時の浄土教における三品の機根論に則って密教の立場から浄土往生を次の三つに分けて説いている。

①上品……自性法身の浄土＝密厳浄土往生。

②中品……受用・変化の二法身の浄土＝十方浄土往生。弥陀の報身報土、弥勒の兜率天の応身応土をふくめる。浄土教の西方極楽浄土往生もしかりである。

③下品……等流法身、六道凡夫の浄土＝諸天修羅宮往生。

これらは、四種法身ならびに曼荼羅世界の構成に対応した浄土往生観であることはいうまでもない。が、その基本的立場は前述の「まさに知るべし、十方浄土は皆これ一仏の化土、一切如来は悉く是れ大日なり」（『五輪九字明秘密釈』）にある。

次に、覚鑁の秘密念仏によれば、密教の極楽浄土観は浄土教のそれを包摂するのみならず、弥陀を次のように四重に解釈する。

①初重……阿弥陀如来は法蔵比丘が修行成就した果位（浅略釈）。
②二重……阿弥陀如来は大日如来の一門をつかさどるもの（深秘釈）。
③三重……大日如来すなわち阿弥陀如来（秘中秘釈）。
④四重……衆生本具の心すなわち阿弥陀如来（秘々中秘釈）。

このうち、①の浅略釈は顕教つまり通途の阿弥陀信仰であり、②以下の深秘釈は密教の立場の阿弥陀如来観である。いずれにしても①より④へと次第に心品転昇する。そして④は唯心弥陀――当然のことながら己身浄土――を意味する。

また、三世十方の浄土といわれるように、浄土を必ずしも西方十万億土に限局すべきものでもなく、即身成仏と往生成仏とが併立し得る根拠も十方浄土としての密厳浄土にもとめられる。したがって、密厳浄土に包摂され、そこに内在するところの西方浄土も実は衆生本具の曼荼羅であるべきである。唯心弥陀、己身浄土[1]の浄土観もまさしく曼荼羅の世界において成立するとみたのが、覚鑁であった。

もちろん、衆生身即仏身、穢土即浄刹（娑婆即浄土）の命題もまた、浄土教通途の浄土思想の前提条件となっても、現実には罪悪深重の凡夫という自覚と十万億土という隔絶感とが伴われるにちがいない。鎌倉浄土教はこうした方向性に傾斜した結果、前提条件は撥無されたのであった。

なお、注目してよいのは、覚鑁の一密成仏がまさしく三密の実践行をふまえた一密、もしくはあくまで三密の一環としての易行の一密行であるのに対して、鎌倉浄土教では源空の専修念仏にせよ親鸞の信心為本にせよ、密教的表現をかりるならば、いずれも一密行の立場を採ったのであって、その意味においても鎌倉浄土教は選択仏教だといえる。

『阿弥陀秘釈』の巻尾の言葉は、次のように結ばれている。

娑婆を厭うて極楽を欣び、穢身を悪んで仏身を尊ぶ。これを無明と名づけ、また妄想と名づくるなり。たとひ濁世末代なりといへども、常に平等法界を観ぜば、あに仏道に入らざらんや。

この短い文言のなかには鋭い二つの重要な問題が提示されている。

まず、たとえば源信の『往生要集』以来、わが国の浄土教に一貫して認められる基本的なテーゼである「厭離穢土　欣求浄土」を無明、妄想だと断じていることである。が、密厳浄土観からすれば当然の帰結ともいえよう。

また、覚鑁のいう凡聖一如、仏凡不二の大前提からすれば、「穢身を悪んで仏身を尊ぶ」のもまた、無明であり妄想だといわなければならない。

第二には末法史観をものの見事に否定し去っていることである。これはすでに道元を先取している雰囲気がうかがわれる。

さらには、覚鑁の臨終正念と口称念仏の唱導は源空の専修念仏を予見させるものがある。逆にいえば、源空や親鸞は覚鑁の提唱した下品下生の念仏に徹し、阿弥陀如来の一尊信仰を確立したのであった。

密教側からすれば、曼荼羅の信仰の具現化を彼の密厳浄土観において認めることができるのは、すでにみたとおりである。

（1） 唯心弥陀、己身浄土

唯心弥陀、己身浄土が浅原才市らの妙好人の念仏信仰において際立って認められるのは、興味深いものを感じる。

III　密教経典をひらく

密教の経典

大日経とは

大日経のかなめ

仏は様々に在《いま》せども、実《まこと》は一仏なりとかや、薬師も弥陀も釈迦弥勒《みろく》も、さながら大日とこそ聞け。

真言教のめでたさは、蓬窓《ほうさう》宮殿《くでむ》隔《へだ》てなし、君をも民をも押《お》し並《な》べて、大日如来と説いたまふ。

後白河法皇の編著である『梁塵秘抄』の巻第二に収める仏歌二十四首は、はじめに釈迦三首、次が大日歌、最後の第二十四首目がまた大日歌で、しめくくられている。

要するに、編者は大日如来をもってあらゆる仏菩薩を統合する最高の仏であり、一切はこの仏の顕現であるとみているのであって、明らかに密教の曼荼羅の世界を頭の中に描いていることがわかる。

大日如来を教主とする経典に二つある。

一つは『大日経』、もう一つは『金剛頂経』で、わが国では昔からこれを両部の大経とよんでいる。

すでに弘法大師空海も『大日経』といっているが、これは略称であって、詳しくは『大毘盧《だいびる》遮那《しゃな》成仏神変加持経《じょうぶつじんぺんかじきょう》』という。大毘盧遮那は大日如来のこと。わかりやすくいうと、大日如来が不可思議なはたらきをもつ力をわたくしたちに加えて、すべての人びとはこの現世にこの身体をもったままで絶対の宗教的人格を実現することができることを説きたもうたところのお経、という意味である。

『大日経』は全七巻三十一品あるが、そのうち、教理の部分は、最初の入真言門住心品（略称、住心品）に説かれている。

以下、住心品にもとづいて『大日経』の世界をうかがってみたい。

はじめに掲げた二首も、次の一節によってこれをよく理解することができるように思う。

「もし衆生あって、仏をもつて度《ど》すべき者には、すなはち仏身を現じ、あるひは声聞身を現じ、あるひは縁覚身を現じ、或は菩薩身、あるひは梵天身、あるひは那羅延《ならえん》、毘沙門《びしゃもん》身、ないし摩睺羅伽《まごらか》・人《にん》・非人《ひにん》等の身をもて、各々《かくかく》に彼の言音《ごんのん》に同《どう》じて、種々の威儀《いぎ》に住したまふ。しかもこの一切智々の道は一味なり、いはゆる如来の解脱味《げだつみ》なり。」

この教主の教えに対して、大日如来の上首である金剛薩埵《こんごうさった》は、如来の一切智々のはたらきについて、次の質問をする。

「かくの如くの智慧は、何をもつてか因となし、いかんが根となし、いかんが究竟《くきょう》とするや。」

これに対して、教主はこう答える。

「菩提心を因となし、大悲《だいひ》を根本となし、方便を究竟《くきょう》となす。秘密主（＝金剛薩埵）よ、いかんが菩薩とならば、いはく実の如く自心を知るなり。」

これは因・根・究竟の三句とか、三句の法門とよばれ、本経のかなめであり、密教の教義の中心をなすものとみられている。

菩提心にはさとりを求める心、さとりがすなわち心であるという二つの意味がある。さとりを求める心は因であって、種子にたとえ、大悲という絶対愛は根であって、根が芽・茎・枝・葉・花に生育するのにたとえ、方便は究極的なものであって、果実にたとえられる。方便は大乗仏教の実践にもとづき菩薩の布施《ふせ》・持戒《じかい》・忍辱《にんにく》・精進《しょうじん》・禅定《ぜんじょう》・智慧《ちえ》の六波羅蜜《ろっぱらみつ》をさしているとみることができる。布施はほどこし、持戒はいましめ、忍辱はたえしのび、精進ははげみ、禅定はしずまり、智慧はさとりである。

ところで、次に「いかんが菩薩とならば、いはく実の如く自心を知るなり」とあるように、菩薩とはありのままにみずからの心を知ることだというのである。原文では如実知《にょじっち》自心《じしん》とあって、仏典の中の名句として人口に膾炙《かいしゃ》している。

菩提は無相であって、虚空《こくう》にたとえられ、また、「心は内にあらず、外《げ》にあらず、及び両中《りょうちゅう》間《げん》にも心は不可得なり」とある。

このように不可得なる心が心の真実相であることをふまえて、秘密主は如来にわれわれの心に菩提が生ずることを説かれるように、とお願いする。これに対して、如来は自我に執着しているわれわれの心のすがたを如実に示され、こうした「百六十心に越えて広大の功徳生ず」と答えている。

心の差別相は六十心または百六十心に分類して教示され、菩提心が向上発展していって仏果を得るに至るまでの時間の問題は三劫段《ごうだん》でのべられている。
心の世界をこれほど具体的に例証しながら説いた経典は『大日経』以外にはないのではないかと思われる。

六十心とは何か

六十心について、取りあげてみよう。
(1)貪心。ものにとらわれ、清らかな心をくもらす。(2)無貪心。善なるほうに心がむかず、清らかな心をうしなう。(3)瞋心。心にいだく憎しみ、怒り。(4)慈心。愛見心垢《あいけんしんく》の慈とあるように盲目的な愛。(5)痴心。思慮がなく、無知なこと。(6)智心。増上慢《ぞうじょうまん》の妄心。(7)決定心《けつじょうしん》。盲目的に従順すぎること。(8)疑心。疑いすぎて物事がきまらないこと。(9)暗心。仏教の真理に暗いこと。(10)明心《みょうしん》。軽率に早がってんして真理をよく考えないこと。(11)積集心《しゃくじゅうしん》。何でも一つにまとめてしまうこと。(12)闘心。好んで甲論乙駁《こうろんおつばく》すること。(13)諍心《じょうしん》。みずから異《い》をたてて思案すること。(14)無諍心。優柔不断であること。(15)天心。常に自分の考えは正しいと考え通すこと。(16)阿修羅《あしゅら》心《しん》。快楽をもとめて自他を誘うこと。(17)竜心。欲の上にも欲をもとめること。(18)人心。利益だけを考えて行動すること。(19)女心。みずからの利を中心として行動すること。(20)自在心。すべては自分の思う通りになると考えること。(21)商人心。相手次第で態度などを変えること。(22)農夫心。早速にとりかかること。(23)河心。河が両岸にはさまれて流れるように右顧左眄《うこさべん》すること。(24)陂池心《ひちしん》。名誉や財物を利用し、さらにそれらをいっそう集めようとすること。(25)井心。他人からみて何を考えているか分からないようなこと。(26)守護心。自分だけを守ること。(27)慳心《けんしん》。ものおしみをすること。(28)狸心《りしん》。善法を聞き積極的に努力しないこと、また恩知らずであること。(29)狗心《くしん》。わずかなものを得てよろこぶこと。(30)迦楼羅心《かるらしん》。徒党をくまないと何も出来ないこと。(31)鼠心《そしん》。ものごとをぶちこわそうとすること。(32)歌詠心《かようしん》。仏陀の教えをただおうむがえしにくりかえすだけのこと。(33)舞心。宗教的精神を忘れて超自然的な能力を発揮し、鬼面、人をおどろかすだけのこと。(34)撃鼓心《げきくしん》。弁説さわやかに説法して世人を驚かすだけのこと。(35)室宅心。自分一人だけのためにおこなうこと。(36)獅子心。暴勇をふるうこと。(37)鵂鶹心《くるしん》。昼間は外部のことに煩わされて何事もできないこと。(38)烏心《うしん》。いつもおどおどしていること。(39)羅刹《らせつ》心《しん》。人の善事をねたみ悪口をいい、一利につかず一害をあげつらうこと。(40)刺心。いつまでも自分の行ないを思い悩むこと。(41)窟心。架空の理想に心よせてあこがれること。(42)風心。風のように散乱する心。(43)水心。すべての罪過をあばきたてないと気がすまない心。(44)火心。善事にせよ悪事にせよ、熱狂的になる心。(45)泥心。十分な思慮をもちえない心。(46)顕色心。何ごとにも染まりやすい心。(47)板心。大きな理想に欠ける心。(48)迷心。思っていることと行動とが無意識のうちに離反している心。(49)毒薬心。いわゆるニヒリズム。(50)羂索心《けんじゃくしん》。自縄自縛の心。(51)械心。足をしばられて進まないように、日常生活の中にも瞑想の精神があることを忘れた心。

(52)雲心。じめじめした心。(53)田心。自分の容姿だけを手入れして心を忘れること。(54)塩心。次々に増してゆく欲望の心。(55)剃刀心《ていとうしん》。形だけととのえても実際の行ないがともなわないこと。(56)弥盧《みる》等心《とうしん》。高慢ちきの心。(57)海等心。何でも自分の手柄にしたがる心。(58)穴等心《けっとうしん》。僅かな怠惰心で、事が成就しないこと。(59)受生心《じゅしょうしん》。後生《ごしょう》をおそれるの余り、行動に生気を欠くこと。(60)猿猴心《えんこうしん》。常に落着きのない心。

このあと、『大日経』には「秘密主よ、一・二・三・四・五、再数すれば、およそ百六十心あり、世間の三妄執を越えて、出世間の心生ず」とある。右の六十心の中の第一、第三、第五、第六、第八のいわゆる貪、瞋、痴、慢、疑の五つの根本煩悩を五回再倍したのが百六十心である。

三妄執は三劫《さんごう》のことである。劫は普通は無限に近い時間の単位をいうが、密教では妄執の意味に用いる。そこで第一劫は百六十心などの凡夫の心をあらまし退治すること、第二劫は第一劫の妄執を越えること、第三劫は第二劫の妄執をすっかり越えることで、これは麁《そ》・細《さい》・極細《ごくさい》の三妄執を越えるといい、これによってさとりの世界への初入の門が体得されると説いている。しかもそれは現世において、この肉身のままで実現できるとされるから、いうところの即身成仏への道程に他ならず、三妄執の度脱が詳しく説かれている。

いずれにしても、六十心もしくは百六十心は特にこの数に限定した心があるというのではなく、無数の心のはたらきをこのように一定の数にまとめただけである。

「六十心のどの一つを取り上げてみても、すべて自分の心に思いあたるふしがあり、自分の周囲に現実に思いあたる心の姿（心相）であることに驚かない人はないと思います。『大日経』が作られた時代と現代と、いったい人間の本質はどれだけ進歩したといえるでしょうか」（宮崎忍勝著『大日経に聞く』二一七頁。教育新潮社刊）。

大日経

経名の由来と伝播

空海の著作に数種の『大日経開題』があるように、すでに空海も『大日経』の呼称を用いているが、これは通称であって、詳しくは『大毘盧遮那《だいびるしゃな》成仏神変加持経《じょうぶつじんべんかじきょう》』という。唐の『開元釈経録』によると、開元十二年（七二四）に、中インドより来唐した善無畏《ぜんむい》（インド名、シュバカラシンハ Śubhakarasiṃha）が翻訳し、一行《いちぎょう》がこれを筆受した。全七巻三十六品であるが、このうち第七巻は付随の儀軌である。その梵本は、かつてインドに学んだ無行《むぎょう》が請来したが、かれは不幸にも帰国の途中、北インドで亡くなったので、善無畏がこれを取りにゆかせて入手したもののようである。無行はナーランダーに留学したから、その地で本経の梵本を入手したこと、さらには本経それ自体がナーランダーで編集された可能性がある。『大日経』の成立は六世紀前半で、少なくとも六世紀中葉にはすでにおこなわれていたようである。

なお、第七巻の梵本は善無畏自身が北インドで入手したものである。『大日経』の梵本は、その断片が他の文献の引用によってわずかながら知られている（松長有慶著『密教経典成立史論』）。

『大日経』の注解書に『大毘盧遮那成仏経疏』（略称『大日経疏』『大疏』など）二十巻がある。これは善無畏が講述し、一行が筆受したもので、全七巻三十六品のうち、前六巻三十一品を詳細に注解してある。開元十五年（七二七）九月に一行が没したので、その弟子の智儼《ちごん》、温古《おんこ》らは、遺命によって疏を再治し、『大日経義釈』十四巻とした。

また、『大日経』第七巻供養法の五品を善無畏が講説し、新羅の不可思議《ふかしぎ》が筆受したものに『不可思議疏』二巻がある。前の二十巻と合わせた二十二巻が『大日経疏』として伝えられた。

チベット訳は漢訳より遅れること約一世紀ほどのち、八世紀初めレパチェン（Ral-pa-cen）王のときに、インド人翻訳官シーレーンドラ・ボーディ（Śīlendra-bodhi）とチベット人学匠ペーチェク（dPal-brtegs）とが翻訳した。

チベット訳の題名は次のようである。

Rnam par snaṅ mdsad chen po mṅon par rdsogs par byaṅ chub pa rnam parsprul pa byin gyis rlob pa śintu rgyas pa mdo sdeḥi dbaṅ poḥi rgyal po shes bya baḥi chos kyi rnam graṅs.（東北目録 No. 494）

このサンスクリット原題は漢訳の場合と若干異なって、Mahāvairocanābhisaṃbodhivikurvitādhiṣṭhāna-vaipulyasūtrendrarāja-nāma-dharmaparyāya（大毘盧遮那現等覚神変加持方広

経のインドラ王と名づける法門）となっている。

チベット訳は二十九章よりなる。善無畏の『大日経疏』によると、サンスクリット本では、大広博経因陀羅王というとあるが、これは Mahāvaipulya-sūtrendrarāja と還梵されるから、漢訳の場合の原本も、チベット所伝の題名に近いことが知られる。また漢訳の第七巻に相当する部分は、チベット訳では別箇の儀軌になっている。すなわち、Rnam par snaṅ mdsad chen po mṅon par byaṅ chub par gtogs paḥi mchod paḥi cho-ga で、サンスクリット原題は Mahāvairocanābhi saṃbodhisambuddhapūjāvidhi（大毘盧遮那現等覚所属供養儀軌）（東北目録 No. 2664）。訳者はペーサンラプガ（dPal-bzaṅ rab-dgaḥ）であるが、『デンカルマ目録』によれば、ケーサンラプガ（dKal-bzaṅ rab-dgaḥ）になっている。

八世紀にブッダグヒヤ（Buddhaguhya）が著した注解書に、次の二種がある。

Rnam par snaṅ mdsad mṅon par byaṅ chub par nam par sprul paḥi byin gyis brlabs kyi rgyud chen poḥi bśad pa.（東北目録 No. 2663）

このサンスクリット原題は、Vairocanābhisaṃbodhivikurvitādhidhiṣṭhāna-mahātantra-bhāṣya（毘盧遮那現等覚神変加持大タントラ疏）であるが、未校訂であったので、十五世紀にシュンヌペー（gShon-nu dpal）が校訂した。校訂本は題名がチベット訳は bśad pa（＝bhāṣya）が ḥgrel pa（＝vṛtti 注）となっている相違をみる。これらは『大日経広釈』とよばれるが、これに対して、ブッダグヒヤのいわゆる略釈がある。

Rnam par snaṅ mdsad mṅon par rdsogs par byaṅ chub paḥi rgyud kyi bsdus paḥi don.（東北目録 No. 2662）

サンスクリット題名は、Vairocanābhisaṃbodhitantrapiṇḍārtha（毘盧遮那現等覚タントラ要義）である。訳者はシーレーンドラ・ボーディとチベット人学匠のペーチェク・ラクシタ（dPal brtsegs rakṣita）とである。

『大日経』は、すでに奈良時代に、おそらく玄昉《げんぼう》（～七四六）らによって請来され、書写が行なわれていることは『正倉院文書』の写経目録によってうかがうことができる。現存するものでは、奈良西大寺所蔵の天平神護二年（七六六）に吉備由利《きびのゆり》が写したものがある。

空海は入唐以前に『大日経』を入手し披見したと思われる。前掲『請来目録』には『大日経』を記録せず、『大日経疏』のみを記しているからである。また『大日経義釈』は天台宗で、『大日経疏』は真言宗で用いている。

経典の内容

『大日経』の内容は、次のとおりである。

第一巻・入真言門住心品第一……チベット訳、①心の差別を説く章。

第二巻・入曼荼羅具縁真言品第二……同、②曼荼羅建立の秘密真言蔵の章。

息障品《そくしょうぼん》第三……同、③障害を滅することを広く説く章。
普通真言蔵品第四……同、④普通真言蔵を広く説く章。
第三巻・世間成就品第五……同、⑤世間の人の悉地成就《しつじじょうじゅ》を説く章。
悉地出現品第六……同、⑥悉地成就の自性を説く章。
成就悉地品第七……同、⑦悉地成就の自性を説く章。
転字輪曼荼羅行品第八……同、⑪字輪を広説する章。
第四巻・密印《みっちん》品第九……同、⑩字輪を広く説く章。
第五巻・字輪品第十……同、⑫一切種に入る門で、法の字法を説く章。
秘密曼荼羅品第十一……同、⑬秘密曼荼羅を広く説く章。
入秘密曼荼羅法品第十二……同、⑭秘密曼荼羅に入ることを説く章。
入秘密曼荼羅位品第十三……同、⑯秘密曼荼羅の位に入ることを広く説く章。
秘密八印《はっちん》品第十四……同、⑮秘密八印を説く章。
持明《じみょう》禁戒品第十五……同、⑰明真言の禁戒を広く説く章。
阿闍梨真実智品第十六……同、⑱阿闍梨の自性と名づけるものを説く章。
布字品第十七……同、⑲字の建立を広く説く章。
第六巻・受方便学処品《じゅほうべんがくしょぼん》第十八……同、⑳菩薩の学処のすべてをたもつことを説く章。
説百字生品《せつひゃくじしょうぼん》第十九……同、㉑百字生を示すことを広く説く章。

百字果相応品第二十……同、㉒（百字の）果を結ぶことを広く説く章。

百字位成品第二十一……同、㉓百字の完全なる建立を成就することを説く章。

百字成就持誦《じじゅ》品第二十二……同、㉔我性《がしょう》の成就を説く章。

百字真言法品第二十三……同、㉕百字真言の儀軌《ぎき》を説く章。

説菩提性品第二十四……同、㉖菩提成就の自性を示すことを説く章。

三三昧耶品第二十五……同、㉗三昧耶《さんまや》（samaya）は平等の意。三種の平等を説く章。

説如来品第二十六……同、㉘如来を示すことを説く章。

世出世護摩法品第二十七……同、㉙真言門により菩薩行をおこなうところの儀軌のすべてを説く章。

説本尊三昧品第二十八……同、⑦本尊三昧の確定を説く章。

説無相三昧品第二十九……同、⑧無相三昧を説く章。

世出世持誦品第三十……同、⑨世間・出世間の持誦の自性を説く章。

嘱累品《しょくるいぼん》第三十一……同、㉙真言門により菩薩行をおこなうところの儀軌のすべてを説く章。

第七巻・供養念誦三昧耶法門真言行学処品《くようねんじゅさんまやほうもんしんごんぎょうがくしょぼん》第一。

増益《ぞうやく》守護清浄行品第二。

供養儀式品第三。

持誦法則品《じじゅほっそくぼん》第四。

真言事《しんごんじ》業品《ごうぼん》第五。

大日経の構成と世界

『大日経』全体の内容構成をみると、理論部門（教相）と実修部門（事相）とに分かれる。理論部門は第一巻入真言門住心品第一がそれであり、実修部門は第二巻入曼荼羅《にゅうまんだら》真言具《しんごんぐ》縁品《えんぼん》第二以下である。

『大日経疏』についていえば、わが国では古来、住心品を口《くち》ノ疏、具縁品以下を奥《おく》ノ疏とよんで区別している。

入真言門住心品とは、真言の部門に入る心のあり方の章を意味する。そのあらましは次のようである。

諸菩薩を代表する金剛薩埵《こんごうさった》が大日如来の一切智智（絶対智）について質問する。如来は、一切智智を得る因は菩提心であり、根は（大）悲であり、究竟《くきょう》は方便である、と説き示す。このうち菩提心には、①白浄《びゃくじょう》の信心（大日如来の一切智智をわれわれがすべて具有するという確信）、②菩提《さとり》を求める心、③菩提の心、の三つの意味があるとされる。そして、要するに、菩提とは「実の如く自心を知ること」（如実知自心）である、という。それは換言すれば、自心の空性《くうしょう》をさとることである（ブッダグヒヤ）。

次に、悲は大悲であってすべての人びとに対する絶対の慈愛である。この大悲が一切智智を得る根だというのである。

また、方便は人びとを導き救う手だてであって、具体的には菩薩の六波羅蜜の実践行すなわち布施《ほどこし》・持戒《いましめ》・忍辱《たえしのび》・精進《はげみ》・禅定《しずまり》・智慧《さとり》である（ブッダグヒヤ）。これらの手だてがそのまま一切智智を得る目的であるという意味である。

以上の「菩提心を因とし、（大）悲を根とし、方便を究竟とする」というのは、三句の法門とよばれ、この品の根幹をなしている。

次に、菩提心に関する九つの設問に対する大日如来の答説のかたちをとっている。

仏教以外の宗教、哲学説における自我観を紹介して、なみの者（凡夫）の心のありかたが説かれている。これは倫理・道徳以前の世界（空海の十住心体系における第一異生羝羊住心《いしょうていようじゅうしん》）である。

次に、順世の八心段では倫理・道徳の世界（同じく第二愚童持斎住心）と宗教的自覚の世界（同じく第三嬰童《ようどう》無畏住心）を説く。

さらに、六十心段では、人間の心の世界の種々相を詳細に分析して六十心を説いている。

以上は世間心であるが、次に三妄執を示すところの三劫段からは出世間の心の種々相の世界が説かれる。ここには声聞と縁覚との心の世界（同じく第四唯蘊無《ゆいうんむ》我《が》住心、第五抜業因種《ばつごういんじゅ》住心）、唯識と中観すなわち法相宗と三論宗の教理（同じく第六他縁大乗住心、第七覚心不生住心）。さらに天台・華厳、ついで真言（第八一道無為住心、第九極無《ごくむ》自性《じしょう》住心、第十秘密荘厳《しょうごん》住心）に対応する教理がのべられている。

要するに、ここにはのちに空海が十住心体系を確立した基礎が示されている。それは一方においては真言密教の実践者の心の向上過程を説くとともに、他方、あらゆる思想、哲学、宗教を一応、世間と出世間とに分けて批判している。いわば、総合仏教をここに見ることができよう。

次の六無畏段は、これまでのべた心の世界の展開を六つの段階にまとめている。浅い心からより深い心へ、すなわち畏れなき安らぎの心へと向かってゆくプロセスを分析している。

最後に十縁生句《じゅうえんしょうく》段では、次の入曼荼羅真言具縁品以下で取りあつかう実修部門（事相）に入る準備として、十縁生句観という観想がのべられている。十縁生句とは条件によって生じたものの句という意味である。

幻（まぼろし）・陽焔（かげろう）・夢・影《よう》（かげ）・乾闥婆城《けんだつばじょう》（しんきろう）・響《きょう》（ひびき）・水月（水面に映った月）・浮泡（水のあわ）・虚空華《げ》（眼を患っている者などには空中にあるように見える花）・旋火輪（火のついた棒などをふりまわすと、火の輪のように見えるもの）をあげる。これらはすべてそれ自体の本性はないのであるから、同じように一切の存在するものを、それと同じものとして観ずるのが十縁生句観である。

善無畏の『大日経疏』には三種をあげる。①原因・条件によって生ずるものだからそれ自体空であると観想する即空観。②あらゆる存在するものは心の現われであると観想する即心観。

③心と存在するものとは一つでもなく異なったものでもないと観想し、なみの者の心のはたらきを離れる即不思議観。

このようにして、入真言門住心品は密教の主要な教義がほとんど説き尽くされているといっても過言ではない。なお、その教理を貫いて根底にあるのは中観派で説く空の哲学であることを忘れてはならない。

次に、本文の主要な箇所を例文として訓み下しにする。

・真言門に入る住心の品（第一）

かくの如く我れ聞けり。一時、薄伽梵《ばがぼん》は如来の加持する広大金剛法界宮に住したまへり。一切の時金剛者皆悉く集会《しゅえ》せり。如来の信解遊戯神変《しんげゆげじんぺん》より生ずる大楼閣宝王は、高くして中辺なし。もろもろの大妙宝王をもつて種々に間飾《けんじき》し、菩薩の身をもつて師子座《ししざ》とす。（中略）

その時、執金剛秘密主は、彼の衆会《しゅえ》の中において、坐して仏に白《もう》して言《もう》さく、世尊、云何《いかん》が如来応供《おうぐ》正遍知は、一切智智を得たまふ。

彼れ一切智智を得て、無量の衆生のために、広演し分布したまふ。種々の趣、種々の性欲《しょうよく》、種々の方便道に随つて、一切智智を宣説したまふ云々。

世尊よ。かくの如くの智慧（＝一切智智）は、何をもつてか因とし、云何《いかん》が根とし、云何が究竟《くきょう》とするや、と。

かくの如く説きをはつて、毘盧遮那仏（大日如来）は持金剛秘密主に告げて言《のたま》はく、
善い哉、善い哉、執金剛よ。善い哉、金剛手よ、汝は吾れにかくの如き義を問へり。汝はまさに聴き、極めて善く作意《さい》すべし、吾れ、いまこれを説かん、と。

金剛手の言《いは》く、かくの如し、世尊よ。願はくは聞かんと楽欲《ねが》ふ、と。

仏の言《のたま》はく、菩提心を因とし、大悲を根とし、方便を究竟《くきよう》とす、と。

秘密主よ、いかんが菩提とならば、いはく、実の如く自心を知るなり。


「入曼茶羅具縁真言品」（『大日経』『大日経疏』）にもとづいて描かれたのが胎蔵曼荼羅である。

大日経および大疏の注解書

- 空海《くうかい》『大日経開題』一巻（数種あり）
  同　『大日経疏文次第』一巻
- 円珍《えんちん》『大日経指帰』一巻
- 観賢《かんげん》『大疏鈔』四巻
- 淳祐《じゅんゆう》『大日経指記』一巻
- 実範《じっぱん》『大経要義鈔』七巻
- 頼瑜《らいゆ》『大日経開題愚草』一巻

・信堅《しんけん》『大疏縁起』一巻
・了賢《りょうけん》『大日経開題口筆』二巻
・杲宝《ごうほう》『大日経疏玄談』一巻
・道瑜《どうゆ》『大日経縁起』一巻
・浄厳《じょうごん》『住心品疏略解玄談』一巻
・法住《ほうじゅう》『管絃相成義』二巻

理趣経

理趣経の訳本について

『理趣経』は、真言宗の常用経典であり、奈良諸大寺においても今日読誦されている。漢訳には次の六種がある。

①『大般若波羅蜜多理趣分』(一巻・唐玄奘訳・六六〇〜六六三年)。
②『実相般若波羅蜜経』(一巻・唐菩提流支《ぼだいるし》訳・六九三年)。
③『金剛頂瑜伽理趣般若経』(一巻・唐金剛智訳・七四一年)。
④『大楽金剛不空真実三摩耶経《だいらくこんごうふくうしんじつさんまやきょう》、般若波羅蜜多理趣品』(一巻・唐不空訳・七六三〜七七一年)。
⑤『仏説遍照般若波羅蜜経』(一巻・宋施護訳・九八〇年)。

⑥『最上根本大楽《さいじょうこんぽんだいらく》金剛不空三昧大教王経』（七巻・宋法賢訳・一〇〇一年）。

①は『大般若経』六百巻のうちの第五百七十八巻に収められている「般若理趣分」である。③は『理趣般若経』と略称する。金剛智に仮託された経典である。また⑥は『七巻理趣経』とよばれるところのいわゆる広本である。

チベット訳の Dpal mchog daṅ po shes bya ba theg pa chen poḥi stog paḥi rgyal po は、サンスクリット原題では Śrī-paramādya-nāma-mahāyāna-kalparāja（吉祥なる最勝本初と名づける大乗儀軌分）という（東北目録 No. 487）。これは前掲『七巻理趣経』の第一～第十三分に相当する。また、チベット訳の DPal mchog daṅ poḥi sṅags kyi rtog paḥi dum bu shes bya ba のサンスクリット原題は Śrī-paramādya-mantrakalpa-khaṇḍa-nāma（吉祥なる最勝本初真言儀軌分）といい（東北目録 No. 488）、『七巻理趣経』の第十四～第二十五分に相当する。前著はシュラッダーカラヴァルマンとチベット人学匠のリンチェンサンポの共訳。後著はマントラカーラシャとチベット人学匠ハツェンポの共訳である。

チベット訳 Dpal rdo rje sñiṅ po rgyan shes bya baḥi rgyud kyi rgyal po chen po は、サンスクリット原題が Śrī-vajramaṇḍalālaṃkāra-nāma-mahātantrarāja（吉祥なる金剛道場荘厳と名づける大タントラ王）とあり、宋の施護訳『金剛場荘厳般若波羅蜜多経中一分《こんごうじょうしょうごんはんにゃはらみたきょうちゅういちぶん》』は末尾の一部分に相当する。チベット訳者はスガタシュリーとサキャパンディタとロートゥテンパである。

チベット訳 HPhags pa śes rab kyi pha rol tu phyin paḥi tshul brgya lṅa bcu pa は、サンスクリット原題 Ārya-prajñāpāramitānayaśatapañcaśatikā（聖なる般若波羅蜜多理趣百五十）（東北目録 No. 489）。不空訳本と類本であるが、『般若理趣分』が参照される。『理趣経』の原初形態は玄奘訳にみられるような般若経典の一種であった。しかるに菩提流支訳の『実相《じっそう》般若経《はんにゃきょう》』のように、密教的な解釈が施され、次第に前掲のような順序で発展した。この間に儀軌が加えられ、金剛頂経系の密教経典として確立されたものとみられている。

④の不空訳は、空海が主として依用したものであったので、真言宗の最も重要な経典として、今日に至るまで日夕読誦されているのである。

理趣経の内容

不空訳は十七段よりなる。第一段は大楽不空初集会品《だいらくふくうしよしゆえぼん》。第二段は毘盧遮那理趣会品。第三段は降三世品《ごうさんぜぼん》。第四段は観自在菩薩理趣会品《かんじざいぼさつりしゆえぼん》。第五段は虚空蔵品《こくうぞうぼん》。第六段は金剛拳理趣品《こんごうけんりしゆぼん》。第七段は文殊師利理趣品《もんじゆしりりしゆぼん》。第八段は纔発意菩薩理趣品《さいほっちぼさつりしゆぼん》。第九段は虚空庫菩薩理趣品《こくうこぼさつりしゆぼん》。第十段は摧一《さいいっ》切魔菩薩理趣品《さいまぼさつりしゆぼん》。第十一段は降三世教令輪品《ごうさんぜきょうりょうりんぼん》。第十二段は外金剛会品《げこんごうえぼん》。第十三段は七母天集会品《しちぼてんしゆえぼん》。第十四段は三兄弟集会品《さんけいていしゆえぼん》。第十五段は四姉妹集会品《ししまいしゆえぼん》。第十六段は四波羅蜜品《しはらみつぼん》。第十七段は五種秘密三摩地品《ごしゆひみつさんまじぼん》。

本経の特色は、大日如来と金剛薩埵《こんごうさった》とを主要な尊格とする点にある。金剛薩埵は大日如来の因位（修行階梯）に位置する菩薩であると同時に、衆生の理想像でもある。

大日如来の説法の会座に金剛手《こんごうしゅ》・観自《かんじ》在《ざい》・虚《こ》空蔵《くうぞう》・金剛拳《こんごうけん》・文殊師《もんじゅし》利《り》・纔発心転法輪《さいほっしんてんぼうりん》・虚《こ》空《くう》庫《こ》・摧一切魔《さいいっさいま》の八大菩薩が集会《しゅえ》し、これらの菩薩が各段の教主となっている。第一段は金剛手すなわち金剛薩埵が教主で、大日如来が金剛薩埵の瞑想の世界に住して教えを説く。第二段は大日如来みずから教主であり、第三段以下第十段までは八大菩薩が教主となっている。八大菩薩はいずれも大日如来の自内証、すなわちさとりの世界を伝えるものである。

十七段のうち最も重要なのは、第一段と第十七段である。第一段には理《り》趣会《しゅえ》曼荼羅の基礎となっている十七清浄句《しょうじょうく》が説かれている。これは男女の恋愛関係の過程をきわめて率直かつ大胆に十七段階に分析したものであって、すべてが清らかであると高唱している。が、これはもとより悟りへの道を比喩的に説いたものである。これを文字どおりに実践したのが、真言宗の異端と目された立川流《たちかわりゅう》である。

第十七段は金剛薩埵とこれを取りかこむ欲・触・愛・慢の四明妃《みょうひ》との五秘密尊によって、この現実世界がそのままさとりの絶対の世界に転換するさまを端的に説き示している。

本経は経題のとおり、般若波羅蜜多という「さとりの真実の智慧のことわり（理趣）」を説いたものだが、その内容とするところは、密教における永遠の理想像ともいうべき金剛薩埵の大楽三昧《だいらくさんまい》の世界を明らかにしたものである。

大楽三昧というのは、大いなる絶対の安楽の境地であって、それはあらゆる存在するところのものが清らかな宇宙生命の活動そのものとして開けている絶対の風光をいう。たとえば、一般仏教（顕教《けんぎょう》）では断つべきものとされるわれわれの煩悩も、密教の立場からみるとき、それは宇宙生命の発現なのであって、取り除くべきものではなく、制御し浄化されるべきものである。したがって大楽三昧においては、捨つべきものも取るべきいかなるものも存しない。それは俗なるものに対してきびしい否定精神を媒介とした絶対肯定の世界であり、本経が生命讃歌の経典として仏教史上特異な意義と位置とを有するゆえんであろう。

第十七段は、そうした大楽三昧としての「さとりの真実の智慧」のことわりが説かれる。空海がこの段を「五秘密三摩地品」といっているとおりに、金剛薩埵と欲・触・愛・慢の四明妃が同じ蓮台に坐し、同一の月輪のなかに存する、いわゆる五秘密曼荼羅が展開する。ここには本経所説の最極秘奥の教えが示されるので、深秘の法門と名づけられる。

なお、欲・触・愛・慢は第一段の十七清浄句のうちに説かれる。

第二句の異性のハートを射止める愛欲の矢が本来清らかであるという成句（＝地位）は、そのまま菩薩の立場である。

第三句の異性と抱擁することが本来清らかであるという成句（＝地位）は、そのまま菩薩の立場である。

第八句の異性に対する本能的欲望が本来清らかであるという成句（＝地位）は、そのまま菩薩の立場である。

第九句の異性との交情に満ち足りることが本来清らかであるという成句（＝地位）は、そのまま菩薩の立場である。

『理趣経』は、この経典を読誦する功徳がくり返し説かれている。たとえば、第十七段には「金剛手よ、もしこの本初の般若理趣を聞いて、日々の晨朝にあるいは誦しあるいは聴くことあらば、彼れは一切の安楽と悦意と大楽金剛不空三昧の究竟《くきょう》の悉地を獲《え》、現世に一切法の自在悦楽を獲得し、十六大菩薩生をもって如来執金剛（＝金剛薩埵）の位を得べし」とある。

空海は不空訳『般若理趣釈』をわが国に伝えた。これは不空訳『理趣経』の注解書である。この不空訳『般若理趣釈』にもとづいて描いたのが理趣経曼荼羅で、入唐八家の一人の宗叡《しゅえい》によってわが国に請来された。

理趣経の主要な注解書

- 唐窺基『理趣経疏』三巻
- 唐不空《ふくう》『理趣経十七尊義述』一巻
- 新羅義寂《ぎじゃく》『理趣経幽讃』一巻
- 空海『理趣経開題（異体、二本あり）』一巻
- 同　『理趣経文句』一巻
- 覚鑁《かくばん》『理趣経種子釈』一巻

・心覚《しんがく》『理趣経段々印明集』一巻
・興然《こうねん》『理趣経秘蔵鈔』一巻
・道範《どうはん》『理趣経鈔』一帖
同『理趣経迦羅鈔』一巻
同『理趣経五秘密軌鈔』一巻
同『理趣経釈口鈔』二巻
同『理趣経聴海鈔』一巻
同『理趣経秘要鈔』一二巻
同『理趣経秘伝鈔』一巻
・道宝《どうほう》『理趣経秘決鈔』六巻
・頼瑜《らいゆ》『理趣経文句愚艸』二巻
・栄海《えいかい》『理趣経法』一巻
・頼宝《らいほう》『理趣経訓読鈔』一巻
・文観《もんかん》『理趣経秘註』四巻
・頼我《らいが》『理趣経抄』一巻
・頼我《らいが》口《く》常憲記《じょうけんき》『理趣訓読記』一巻
・杲宝《ごうほう》『理趣経杲宝鈔』一巻

・杲宝口《ごうほうく》賢宝記《けんぽうき》『理趣経秘要鈔』十二巻
・杲宝『理趣経聞書』五巻
・宥快《ゆうかい》『理趣経伝授聞書』一巻
同『理趣経口筆』二巻
・道瑜《どうゆ》『理趣経鈔』三巻
・印融《いんゆう》『理趣経口伝』一巻
・頼誉《らいよ》『理趣経私記』二巻（または三巻）
・朝意《ちょうい》『理趣経鈔』一巻
・純瑜《じゅんゆ》『理趣経直談鈔』二巻
・祐宜《ゆうぎ》『理趣経秘伝鈔』三巻
同『理趣経直談』二巻
・日秀《にっしゅう》『理趣経別記』一巻
・性深玄広《しょうじんげんこう》『理趣経愚解鈔』五巻
・頼慶《らいけい》『理趣経秘決』一巻
同『理趣経聞書』五巻
・亮汰《りょうたい》『理趣経純秘鈔』三巻
・浄厳《じょうごん》『理趣経文句』一巻

同　『理趣経講要』二巻

・隆慶《りゅうけい》『理趣経純秘鈔授決』三巻

・亮貞《りょうてい》『理趣経純秘鈔存公記』四巻

・隆光《りゅうこう》『理趣経純秘鈔解嘲』三巻

・曇寂《どんじゃく》『理趣経私記』十巻

・澄栄《ちょうよう》『理趣経口談私鈔』二巻

・飲光《おんこう》『理趣経講義』三巻

・霊瑞《りょうずい》『理趣経合殺並読方伝』一巻

・等空《とうくう》『理趣経簡要』一巻

・元瑜　『理趣経純秘鈔講録』三巻

理趣経訳解

般若波羅蜜多《はんにゃはらみた》理趣品《りしゅほん》

如是我聞《じょしがぶん》。一時《いっし》薄伽梵《ふわきゃふわん》成就殊勝《せいしうしゅしょう》。一切如来《いっせいじょらい》。金剛加持三摩耶智《こんごうかちさんまやち》。已《い》得一切如来《とくいっせいじょらい》。灌頂宝《くわんでいほう》冠《くわん》。為《い》三界主《さんかいしゅう》。已証一《いしょういっ》切如来《せいじょらい》。一切智智《いっせいちち》。瑜《ゆう》伽自在《きゃしさい》。能作一切如来《のうさくいっせいじょらい》。一切印平等《いっせいいんぺいとう》。種種事業《しょう〳〵しげう》。於無尽無余《よぶしんぶよ》。一切衆生《いっせいしうせい》界《かい》。一切意願作業《いっせいいげんさくぎょう》。皆《かい》悉円満《しつえんまん》。

（第一段　現代意訳）

このようにわたくしは伝え聞いている。

永劫《えいごう》のある時、尊き師〔世尊＝大日如来〕は、きわめてすぐれたすべての如来《ほとけ》の金剛のように堅固不壊《ふえ》なる不可思議の力がはたらくところの真実相をさとる絶対平等の智慧を完成し、すでに、すべての如来《ほとけ》の仏位に即《つ》くしるしに頂く宝玉の飾のある冠を得て、あらゆる世界〔欲望の世界＝欲界、物質の世界＝色界、精神の世界＝無色界〕の主人公となった。（そして、尊き師は）すでに、すべての如来《ほとけ》のあらゆる智慧のなかの智慧すなわち仏智が瞑想合一において相応することが思いのままなることを明らかにさとり、よくすべての如来《ほとけ》のすべての印契《ムドラー》（などの象徴）によって（あらゆる存在するところのものの）平等であることをさとるさまざまなはたらき〔事業〕をなしとげ、尽きることなく余すことなきす

常恒《じやうこう》三世《さんせ》。一切《いっせい》時《し》身語《しんぎよ》意業《いぎよう》。金剛《きんかう》大《たい》毘盧《ひろ》遮那《しやだ》如来《じようらい》在《さい》於《よ》欲界《よくかい》。他化自《たくわし》在《さい》。天王宮中《てんのうきうちう》。一切如《いっせいじよ》来《らい》常所遊処《しやうそゆうしよ》吉祥《きつしやう》称歎《しようたん》。大摩尼殿《たいまぢてん》。種種《しよう》間錯《かんさく》。鈴鐸繒幡《れいたくそうばん》。微風揺撃《びふうようげき》。珠鬘瓔珞《しゆうまんゑいらく》。半満月等《はんまんげつとう》。而為荘厳《じいさうげん》。

与《よ》八十倶胝《はつしふくち》菩薩《ほさつ》衆倶《しうく》。所謂《そい》。金剛手菩薩摩訶《きんかうしゆうほさばか》薩《さ》。観自在菩薩摩訶薩《くわんしさいほさばかさ》虚空蔵菩薩摩訶薩《きよこうそうほさばかさ》。

べての生きとし生けるものの世界において、すべてのこころに願うところのはたらきを皆残らず完全に成就させたもうている。そして、

永遠に過去・未来・現在の三世のすべての時に、身体と言葉と意《こころ》とのはたらきが金剛のように堅固である（そうした永遠のはたらきをもっている尊き師）大日如来は、欲望の世界の最上部にある他化自在天《たけじざいてん》王宮のなかにましますます。それは、すべての如来《ほとけ》がいつも思いのままにいて、そのすばらしさを愛《め》で讃《たた》えたもうところの大いなる摩尼宝珠できらびやかに荘《かざ》られた宮殿である。それは、さまざまに飾られ、鈴や大鈴《おおすず》、絹幡《きぬばた》がそよ風に揺《ゆ》りうごかされ、宝珠でつくられた花環《はなわ》や珠玉の飾り〔瓔珞〕、半月や満月の形をしたりっぱな鏡などで荘《かざ》られている。

大日如来は、八十億もの数限りない菩薩たちとともに（この宮殿に）ましますます。それら菩薩というのは、

金剛手菩薩摩訶薩（堅固不壊なる永遠のさとりそのものを本性とする心を象徴する金剛杵を手にする者、すなわち金剛薩唾）、

観自在菩薩摩訶薩（生きとし生けるものの苦悩をありのままに

金剛《きんかう》拳《けん》菩薩《ほさ》摩訶薩《ばかさ》。文殊師利《ぶんじゆしり》菩薩《ほさ》摩訶薩《ばかさ》。纔発心転法輪《さいはつしんてんぽうりん》菩薩《ほさ》摩訶薩《ばかさ》。虚空庫《きよこうこ》菩薩《ほさ》摩訶薩《ばかさ》。摧一切魔《さいいっせいま》菩薩《ほさ》摩訶薩《ばかさ》。

与如是等《よじよしとう》。大菩薩衆《たいほさつしう》。

思うがままに見そなわす者）、

虚空蔵菩薩摩訶薩（大空のように広大無辺な福徳と智慧とをうちに持つところの者）、

金剛拳菩薩摩訶薩（身体・言葉・意《こころ》の全行為を合成し、それを象徴する金剛のように堅固不壊な拳を表示する者）、

文殊師利菩薩摩訶薩（さとりの正しい智慧を象徴する利剣を持てる者）、

纔発心《さいほっしん》転法輪菩薩摩訶薩（すみやかに発心《ほっしん》して、大曼荼羅・三昧耶曼荼羅・法曼荼羅・羯磨《かつま》曼荼羅の四種曼荼羅の真理の輪を転ずる者）、

虚空庫菩薩摩訶薩（大空のように広大無辺な庫にあらゆる価値を秘め、それを諸仏に供養し、かつは生きとし生けるものに施す者）、

摧一切魔菩薩摩訶薩（あらゆる魔障を打ちくだき、根源的な無知を滅ぼす者で、この菩薩はそのために忿怒形《ふんぬぎょう》―忿りの姿―をとる）、

（大日如来は）このような偉大な菩薩たちとともにましまして、

恭敬囲繞《きようけいゐじやう》。而為《じい》説法《せつぱう》。初中後善《そちうこうせん》。文義《ぶんぎ》巧妙《かうべう》。純一円満清浄潔白《しゆんにちゑんまんせいせいけつぱく》説《せい》一切法清浄句門《いつせいはふせいせいくもん》所謂《そい》。

妙適清浄句是菩薩位《べうてきせいせいくしほさい》。慾箭清浄句是菩薩位《よくせんせいせいくしほさい》。愛《あい》触清浄句是菩薩位《しよくせいせいくしほさい》。一《いつ》縛清浄句是菩薩位《はくせいせいくしほさい》。一切自在主清浄句是菩薩位《せいしさいしゆせいせいくしほさい》。

それらの者たちにつつしみ敬い、とりかこまれていて、しかも、それらの者たちに真理の教えを説きたもうているのである。

その教えは、初めに善く、中ほどにおいて善く、後に善くして、その言葉と字音はたくみで妙《たえ》なるものがあり、まじりけがなく完全で、清らかであって、けがれがない。（このようなさとりの真実の智慧のおもむきである）あらゆる存在するものは、それじたいの本性は清らかなものである、という教えを説きたもうたのである。

いうところの性的快楽が本来清らかであるという成句（＝地位）は、そのまま菩薩の立場である。

異性のハートを射止める愛欲の矢が本来清らかであるという成句（＝地位）は、そのまま菩薩の立場である。

異性と抱擁することが本来清らかであるという成句（＝地位）は、そのまま菩薩の立場である。

異性と離れがたいことが本来清らかであるという成句（＝地位）は、そのまま菩薩の立場である。

異性に対して思いのままに奔放に振舞うことが本来清らかであ

見《けん》清《せい》浄《せい》句《く》是《し》菩《ほ》薩《さ》位《い》。適《てき》
悦《えつ》清《せい》浄《せい》句《く》是《し》菩《ほ》薩《さ》位《い》。愛《あい》
清《せい》浄《せい》句《く》是《し》菩《ほ》薩《さ》位《い》。慢《まん》清《せい》
浄《せい》句《く》是《し》菩《ほ》薩《さ》位《い》。荘《そう》厳《げん》清《せい》
浄《せい》句《く》是《し》菩《ほ》薩《さ》位《い》。意《い》滋《し》沢《たく》
清《せい》浄《せい》句《く》是《し》菩《ほ》薩《さ》位《い》。光《こう》明《べい》
清《せい》浄《せい》句《く》是《し》菩《ほ》薩《さ》位《い》。身《しん》楽《らく》
清《せい》浄《せい》句《く》是《し》菩《ほ》薩《さ》位《い》。

るという成句（＝地位）は、そのまま菩薩の立場である。

異性を見ることが本来清らかであるという成句（＝地位）は、そのまま菩薩の立場である。

異性との抱擁の喜びが本来清らかであるという成句（＝地位）は、そのまま菩薩の立場である。

異性に対する本能的欲望が本来清らかであるという成句（＝地位）は、そのまま菩薩の立場である。

異性との交情に満ち足りることが本来清らかであるという成句（＝地位）は、そのまま菩薩の立場である。

異性のために身を飾ることが本来清らかであるという成句（＝地位）は、そのまま菩薩の立場である。

異性と抱擁して満ち足りることが本来清らかであるという成句（＝地位）は、そのまま菩薩の立場である。

異性への本能的欲望によって目の前が明るくなることが本来清らかであるという成句（＝地位）は、そのまま菩薩の立場である。

異性との交情に満ち足りることによって、すべての恐れを忘れ、体の楽しみがあることが本来清らかであるという成句（＝地位）

色《しよく》清《せい》浄《せい》句《く》是《し》菩《ほ》薩《さ》位《い》。声《せい》清《せい》浄《せい》句《く》是《し》菩《ほ》薩《さ》位《い》。香《きやう》清《せい》浄《せい》句《く》是《し》菩《ほ》薩《さ》位《い》。味《び》清《せい》浄《せい》句《く》是《し》菩《ほ》薩《さ》位《い》。

何《か》以《い》故《こ》。一《いっ》切《せい》法《はう》自《し》性《せい》清《せい》浄《せい》故《こ》

は、そのまま菩薩の立場である。

異性のためにわが身を飾るもとである色《いろ》や形《かたち》が本来清らかなものであるという成句（＝地位）は、そのまま菩薩の立場である。

抱擁の喜びの声が本来清らかなものであるという成句（＝地位）は、そのまま菩薩の立場である。

本能的欲望によって目の前が明るくなるとき、すがすがしい香《かおり》を感知するのが本来清らかなものであるという成句（＝地位）は、そのまま菩薩の立場である。

同じく、そうしたすがすがしさを身をもって体得する味《あじわい》が本来清らかなものであるという成句（＝地位）は、そのまま菩薩の立場である。

（以上の十七の清らかな成句は、恋愛の過程をのべ、それによって、清らかなさとりの世界を象徴表現している。）

右にのべたようなことがなぜいわれるのか。およそ、この世の中にありとしあらゆるもので、それ自体の本性が清らかでないものは一つとしてなく、（ありとしあらゆるもののそれ自体の本性はもともと空の性質をもつものである。）だから、ましてやさと

般若波羅蜜多《はんじやはらびつた》。清《せい》浄金《きん》
剛手《かうしゆ》。若有聞此清浄出《じやくゆうぶんしせいせいしゆつ》
生句《せいく》。般若理趣《はんじやりしゆ》。乃至《たいし》
菩提道場《ほていたうちやう》。一切蓋障《いつせいかいしやう》。
及煩悩障《きふはんだつしやう》法障《はつしやう》業障《げつしやう》。
設広積習《せつこうせきしふ》。必不堕於地《ひつぷたよち》
獄等趣《ぎよくとうしゆ》。設作重罪《せつさくちようさい》。消《せう》
滅不難《べつぷなん》。

若能受持《じやくのうしうち》。日日《じつじ》。読誦《とくしよう》
作意思惟《さくいしいゆゐ》。即於現生証《そくよけんせいしよう》。
一切法平等《いつせいはうへいとう》。金剛三摩《きんかうさんま》
地於《ちよ》。一切法皆得《いつせいはふかいとく》。自《し》
在受於無量《さいしうよぶりやう》。適悦歓喜《てきえつくわんき》。
以十六大菩薩生《いしふりくたいほさつせい》。獲得《くわきとく》

りの真実の智慧がまたどうして清らかでないことがあろうか。（次に、さとりの真実の智慧の内容について、大日如来は説きたもう。）

金剛杵を手にする者〔＝金剛薩埵〕よ。もしも誰であろうと、このような清らかさを生み出だす成句であるさとりの智慧のことわりを聞くならば、そこで、さとりの精髄に至るまで、すべての障害《さわり》となるもの、および煩悩という障害《さわり》、正しい教えを聞くことができないという障害《さわり》、悪業という障害《さわり》がたとえ、ひろく積みかさなっても、決して人びとがおもむくところの地獄などに落ちこまず、たとえ、どんな重い罪悪を犯しても、それらはたやすく消滅するにちがいない。

もし、〔このさとりの真実の智慧のことわりを説いた経典を〕よく受けとって忘れないようにして、日々に読みあげ、心をこめてよく思考すれば、この現世において、あらゆる存在するところのものは平等にして金剛のようであると観ずる瞑想の境地〔一切法平等金剛三摩地〕をさとり得て、あらゆる存在するところのものにおいて、皆、思いのままになり、量り知れない快《こころよ》い喜びを感

如来執金剛位《じょらいしゅうきんかうい》。

時《し》薄伽梵《ふわきやふわん》。一切如来《いっせいじょらい》。大乗現証《たいしょうけんしょう》。三摩耶《さんまや》。一切曼荼羅持《いっせいまんたらち》。金剛勝《きんかうしょう》薩埵於《さったよ》。三界中調伏無《さんかいちうてうふくぶ》余《よ》。一切義成就《いっせいぎせいしう》。金剛手菩薩摩訶薩《きんかうしゅほさばかさ》。為《い》欲重顕明此義故《よちょうけんべいしぎこ》。凞怡《きい》微咲《びせう》。左手作《さしゅうさ》。金剛慢《きんかうまん》印《にん》。右手抽擲《ゆうしゅちうてき》。本初大《ほんそたい》金剛《きんかう》。作勇進勢説《さくゆうしんせいせい》。大《たい》楽金剛不空三摩耶心《らきんかうふこうさんまやしん》

受し、十六の偉大なる菩薩の生《しょう》の段階、すなわち金剛界の十六大菩薩の世界に入ることによって、如来《ほとけ》および金剛杵を手にする者の立場を得るであろう。

時に、尊い師である金剛を手にする者〔＝金剛薩埵〕は、すべての如来《ほとけ》の大乗を現にさとるところの実在と現象とが差別なき平等世界〔三摩耶《さんまや》〕であるすべての曼荼羅〔の金剛界〕における金剛のように勝れた薩埵〔＝菩薩〕であって、あらゆる迷いの世界のなかで、残すところなき生きとし生けるものの世界を整え制御し、すべての事がらを完成したもうたのである。

金剛杵を手にする菩薩摩訶薩〔＝金剛薩埵〕は、重ねて、この事をよく明らかにしようと願うから、おだやかな顔つきで、ほのかにほほえみ、左の手を金剛拳印《こんごうけんにん》（親指をうちにして握りしめ拳をつくる印契）にし、右の手に万有の始源を表徴する大いなる金剛すなわち五股《ごこ》金剛杵を握って、三度振って、自分の胸に挙げる状態に持ち、たけだけしく勇ましく進むいきおいにして、大いなる安楽にして、金剛のように堅固不壊であって、空しからざるさ

とりの真実の智慧を内容とする絶対の境地を象徴する（金剛薩埵の）心髄の真言《マントラ》を説きたもう。

吽《うん》（hūṃ）

吽《うん》

右に現代語意訳した第一段金剛薩埵章は、大楽の法門とよばれるように、大楽三昧のさとりの世界を十七段階の恋愛過程によって比喩表現している教えである。さとりの世界という聖なるものを世俗の世界である俗なるものによって象徴するという深秘の意味（セマンテクス）を皮相に解すると、本経そのものを卑猥化してしまうので、この点をとくに注意しておきたい。

第十七段は、そうした大楽三昧としての「さとりの真実の智慧」のことわりが説かれる。第十七段において、大日如来は、金剛杵を手にする者（＝金剛薩埵）よ、とよびかけられ、このさとりの真実の智慧のことわり（の考え）を聞き、受けとり、読みあげ、そのことわりを思考すれば、仏菩薩の実践行において、みな究極に到達することができるであろう、と説かれる。

そこで、次に、なぜかとそのわけを示すのが本経最後の第十七段深秘の法門における結びであって、いわゆる「百字の偈《げ》」といわれるものである。

百字の偈《げ》

菩《ほ》薩《さ》勝《しょう》慧者《けいしゃ》
乃至《たいし》尽《しん》生死《せいし》
恒作《こうさく》衆生利《しゅうせいり》
而《じ》不《ふ》趣《しゅ》涅《で》槃《ぱん》

般若《はんじゃ》及《きゅう》方便《ほうべん》
智《ち》度《ど》悉《しっ》加《か》持《ち》
諸法《しょほう》及《きゅう》諸有《しょゆう》
一切《いっさい》皆《かい》清浄《せいせい〈》
欲等《よくとう》調《てう》世間《せいかん》
令《れい》得《とく》浄《せい》除《ちょ》故《こ》
有頂《ゆうてい》及《きゅう》悪趣《あくしゅ》
調伏《てうふく》尽《しん》諸有《しょゆう》

〔第十七段現代意訳〕

（それはなぜか）

永遠の求道者にして、すぐれた智慧ある者は、迷いの世界がなくならない限り、そこにあって、絶えず人びとのためにはたらいて、しかも静まれるさとりの世界におもむくことがない。

さとりの真実の智慧〔般若〕にもとづく人びとの救済の手だて〔方便〕と

さとりの智慧の完成〔智度〕とをもって残らず不可思議な力を加えて

あらゆる存在するところのもの、およびもろもろの生きとし生けるものの現実生存をすべて皆清らかならしめる。

欲望などをもって世の人びとを整え制御すれば、（あらゆる罪過《つみとが》を）浄《きよ》め取り除くことができるのであるから、

生存界の領域の最上部〔有頂天〕から悪業の報いとして受ける生存の状態〔悪趣〕に至るまで、生きとし生けるものの現実生存

如《じょ》蓮《れん》体《てい》本《ほん》染《ぜん》
不《ふ》為《い》垢《こう》所《そ》染《ぜん》
諸《しょ》慾《よく》性《せい》亦《えき》然《ぜん》
不《ふ》染《ぜん》利《り》群《きん》生《せい》
大《たい》欲《よく》得《とく》清《せい》浄《せい》
大《たい》安《あん》楽《らく》富《ふう》饒《ぜう》
三《さん》界《かい》得《とく》自《し》在《さい》
能《のう》作《さ》堅《けん》固《こ》利《り》

をすべて整え制御する。

　あたかも色あでやかな赤い蓮花が本来の色彩のままであって、他の色のけがれに汚されないように、人間のもろもろの欲望の本性もまたそのとおりである。

　すなわち、世間の人々の利益《りやく》のためにはたらく者はその住んでいるところの環境のけがれによって決して汚されることがない。

　量り知れぬほど大いなる欲望の清らかなもの、大いなる安楽のもの、大財のあるもの
　このあらゆる世界〔欲望の世界＝欲界、物質の世界＝色界、精神の世界＝無色界〕を思いのままにすることを得たものは、（生きとし生けるものの）利益をきわめて確実なものにする。


『理趣経』は真言宗各派の常用経典であるが、奈良の諸宗でも、今日、日常読誦されている。読みくせ、読み方などは各宗派によって若干異なる。また、一般に経典は呉音で読む習わしになっているのが、『理趣経』は古来、漢音で読んでいるのを特色とする。

金剛頂経

経名の由来と構成

『金剛頂経』は、『大日経』とともに両部の大経の一つである。だが、『金剛頂経』という単独の経典があるのではなく、総称ともいうべきものである。

『金剛頂経』の漢訳には次の三種類がある。

① 『金剛頂瑜伽《こんごうちょうゆが》中略出《ちゅうりゃくしゅつ》念誦経《ねんじゅぎょう》』（四巻・唐金剛智訳）。
② 『金剛頂一切如来真実摂大乗現証大教王経《こんごうちょういっさいにょらいしんじつしょうだいじょうげんしょうだいきょうおうぎょう》』（三巻・唐不空訳）。
③ 『一切如来真実摂大乗現証三昧教王経《いっさいにょらいしんじつしょうだいじょうげんしょうさんまいきょうおうぎょう》』（三十巻・宋施護訳）。

他に善無畏の著した『五部心観《ごぶしんがん》』の原本となった『金剛頂経』が想定され、現在のところ、この善無畏《ぜんむい》の依用したものが最古のものと目されている。

サンスクリット原典は三種、その断片は少なくとも二種が知られている。サンスクリット原典は堀内寛仁『梵蔵漢対照 初会金剛頂経の研究　梵本校訂篇（上・下）』（二冊）、酒井真典『梵文初会の金剛頂経S本』として出版されている。チベット訳は De bshin gśegs pa thams cad kyi de kho na ñid bsdus pa shes bya ba theg pa chen poḥi mdo で、サンスクリット原題は、Sarvatathāgata-tattvasaṃgraha-nāma-mahāyānasūtra（一切如来真実摂《いっさいにょらいしんじつしょう》と名づける大乗経）である。訳者はシュラッダーカラヴァルマンとリンチェンサンポ（東北目録 No. 479）。

これらのサンスクリット原典とチベット訳とは施護《せご》訳にほぼ対応する。

チベット訳『金剛頂経』には、次の三種の注解書がある。
①『タントラールターヴァターラ並びに注』（Tantrārthāvatāravyākhyāna）（ブッダグヒヤ著）（東北目録 No. 2502）。
②『コーサラーランカーラ』（Kosalālaṃkāra）（シャーキャミトラ著）（東北目録 No. 2503）。
③『タントラタットヴァーローカカリー』（Tantratattvālokakarī）（アーナンダカルバ著）（東北目録 No. 2510）。
いずれも八世紀頃の注解書である。

漢訳三本のうち、金剛智訳本はすでに奈良時代に伝来している。空海の『請来目録』には、前述のように、金剛智訳本と不空訳本とが記載してある。金剛智訳はいわゆる『初会金剛頂経』の抄訳であって、金剛界の入壇灌頂《にゅうだんかんじょう》の作法の典拠となっている。全三巻の内容は次のとおりである。

・第一巻――(1)帰敬序《ききようじよ》。(2)受法者の資格。(3)入壇者に対する慰諭。(4)作壇の場所の選定。(5)阿闍梨の所作。(6)入三摩地法（①諸作法、②道場観、③三十七尊出生）。
・第二巻――(1)五相成身観《ごそうじようしんがん》。(2)灌頂。

・第三巻――⑴作曼荼羅法。⑵諸作法並びに三十七尊。⑶一切成就三摩耶契法。⑷総供養。
・第四巻――⑴讃頌《さんじゅ》。⑵念誦《ねんじゅ》。⑶別供養《べつくよう》。⑷入壇受法《にゅうだんじゅほう》（①受法者の希願、②阿闍梨の慰諭、③弟子発露懺悔、④帰依三宝、⑤発菩提心、⑥諸弟子着座並びに諸作法、⑦授与歯木《じゅよしぼく》、⑧夢相、⑨金剛誓水、⑩授与三摩耶金剛契、⑪引入道場と警悟、⑫召入金剛道場、⑬入壇得益、⑭授法差別、⑮滅罪法、⑯金剛薩埵《こんごうさった》の讃頌、⑰授与金剛杵、⑱加持護念等……⑴加持護念、⑵摂取授与、⑶開敷金剛眼《かいふこんごうげん》、⑲灌頂……⑴灌頂壇、⑵諸聖者降臨壇場、⑶四助法者を菩薩と観想す、⑷弟子引入、⑸受法の弟子を讃ず、⑹授与灌頂、⑺四仏灌頂、⑻授与金剛杵、⑼授与金剛名号、⑽洗浄眼瞼、⑾受者をして鏡に対《むか》はしむ、⑿授与商佉《じゅよしょうきゃ》、⒀慰諭と弟子の要誓等、⑳護摩……⑴護摩壇と爐《ろ》、⑵供物、⑶護摩木、⑷諸作法並びに慰諭等）。

経典の内容と世界

現存する『金剛頂経』は、いわゆる初会《しょえ》とよばれる。もとは十八会《じゅうはちえ》（会は説法の会座《えざ》にちなみ、経典を区分する名称として用いられる。）あり、十万頌という膨大な経典であったといわれるが、このようなまとまったものが本来存在したかどうかについては、今日、疑問がもたれている。

『初会金剛頂経』の教主が大日如来である点は、『大日経』と同じである。だが、『大日経』の対告衆《たいごうしゅ》を代表するものが金剛薩埵であるのに対して、『初会金剛頂経』では一切義成就菩薩《いっさいぎじょうじゅぼさつ》である相違をみる。まず、大日如来がこの菩薩の問いに対して、仏身を実現する実修法として、五相成身観《ごそうじょうしんがん》を説き示す。

五相成身観は、五転成身とか五法成身などともいう。五相の順序を経て本尊の仏身を行者自身の上に成就させることを観想する。五相はそれぞれ金剛界の五仏の智慧である大円鏡智《だいえんきょうち》（阿閦如来）・平等性智《びょうどうしょうち》（宝生如来）・妙観察智《みょうかんざつち》（無量寿如来）・成所作智《じょうそさち》（不空成就如来）・法界体性智《ほっかいたいしょうち》（大日如来）に当てられる。

①通達《つうだつ》菩提心。菩提心という自己の本質を理論的にさとること。

②修《しゅ》菩提心。自己の本質である菩提心を実証すること。

③成《じょう》金剛心。本尊の本誓を表わす象徴を観想し、自己と本尊との間の無礙自在なることを証得すること。

④証《しょう》金剛身。行者自身がそのまま本尊を象徴するもの（三昧耶身）となること。

⑤仏身円満。観行が成就して、我と本尊とがまさしく一体となる。

これは『金剛頂経』にもとづく最も重要な実修である。また、金剛界法の主要な観行としては五相成身観に先立って三密観がある。これは、身体・言葉・意の三つのはたらき（三業）を清めるもので、三金剛観、または三吽観《さんうんがん》などともいう。

吽《うん》（三吽）字を身体・言葉・意の三処に置いて、これらの吽字を五智（法界体性智・大円鏡智・平等性智・妙観察智・成所作智）を象徴するところの五鈷杵《ごこしょ》であると観想することによっ

（金剛界曼荼羅）

	南			北
西	5 四印会（五） 十三尊	4 一印会（六） 一尊	3 理趣会（七） 十七尊	
	6 供養会（四） 七十三尊	9 羯磨会（一） 一千六十一尊	2 降三世羯磨会（八） 七十七尊	
東	7 微細会（三） 七十三尊	8 三摩耶会（二） 七十三尊	1 降三世三摩耶会（九） 七十三尊	

て、身体・言葉・意の三つによる罪障を清らかならしめる。

本経が説いている金剛界曼荼羅は、五相成身観を実修することによって得られたさとりの世界を開示したものである。

不空訳本によると、この曼荼羅は通常九つのグループよりなるので、九会曼荼羅ともいうが、中央の成身会《じょうしんね》がまとまった一つの金剛界曼荼羅を形成している。すなわち中尊の大日如来の東・南・西・北にそれぞれ阿閦如来・宝生如来・無量寿如来・不空成就如来の四仏を配し、これらに前述の五智があてはめられる。これら五仏を中心に十六尊・四波羅蜜菩薩・内外の八供養菩薩・四摂菩薩の計三十七尊が成身会を構成している。

金剛界曼荼羅は、当初、大・三昧耶《さんまや》・法・羯磨《かつま》・四印《しいん》・一印の曼荼羅で構成されていたが、不空訳本にもとづいて九会曼荼羅が形成された。空海が請来したのが、この九会曼荼羅であって、現図曼荼羅という。

不空訳本は、前述のように、空海が最初に請来した『金剛頂一切如来真実摂大乗現証大教王経』三巻で、その内容は「金剛界大曼荼羅広大儀軌品」の三部構成である。空海の伝えた現図曼荼羅は、この不空訳本にもとづいて描かれている。

次に、その冒頭と、金剛界大曼荼羅の世界に入る者が平等であって、その資格を問わないとする一節とを参考までに掲げる。

「かくの如く我れ聞けり。一時、婆伽梵《ばぎゃぼん》、一切如来の金剛をもつて加持したまふ殊勝の三昧《さんま》耶《や》智《ち》を成就し、一切如来の宝冠の三界法王の灌頂を得、一切如来の一切智は瑜伽自在なることを証し、よく一切如来の一切印平等の種々の事業《じごう》をなして、尽くることなく余ることなき一切の有情界《うじょうかい》において、一切の意願、作業皆悉く成就したまへる、大悲毘盧遮那（大日如来）は、常恒《つね》に三世に住したまへる一切の身と口と心の金剛如来、一切如来の遊戯《ゆげ》したまふところの阿迦尼吒天王宮《あかにたてんのうぐう》の中の大摩尼殿《だいまにでん》の種々に間錯《けんざく》し、鈴と鐸と繒幡《そうばん》の微風に揺《うご》かし激《う》たれ、珠鬘《しゅまん》と瓔珞《ようらく》と半満月等をもって、しかも荘厳《しょうごん》をなせるに住して、九十倶胝《くてい》の菩薩《ぼさつ》衆《しゅ》とともなりき。

いはゆる金剛手菩薩摩訶薩《ぼさつまかさつ》・聖観自在菩薩摩訶薩・曼殊室利《まんじゅしり》菩薩摩訶薩・虚空蔵菩薩摩訶薩・金剛拳菩薩摩訶薩・纔発心《さいほっしん》転法輪菩薩摩訶薩・虚空庫菩薩摩訶薩・摧一切魔《さいいっさいま》菩薩摩訶薩、かくの如く等の菩薩を、しかも上首として、恒河《ごうが》の沙と等しき如来とともにして、なほ胡摩《ごま》の如く示現して閻浮提《えんぶだい》に満てり。阿迦尼吒天《あかにたてん》においてもまた、かくの如し。彼の無量数の如来身の、一々の身より無量阿僧祇《あそうぎ》の仏刹《ぶっせつ》を現じ、彼の仏刹において、還《かえ》つてこの法の理趣を説きたまふ云々」（金剛界大曼荼羅広大儀軌品の一）。

「次にまさに広く金剛弟子の金剛界大曼荼羅に入るの儀軌を説くべし。中において我れ先づ、有情界《うじょうかい》を尽して余りなく入らしめ、抜済《ばっさい》し利益《りやく》し安楽ならしむ。最勝の悉地《しつじ》の因果を説くが故に、この大曼荼羅に入るに、この器《き》、非器《ひき》を簡択《けんちゃく》すべからず。何をもつての故に。世尊或は有情《うじょう》の大罪をなす者あらば、彼れこの金剛界の大曼荼羅に入り見をはり、入りをはれば一切の悪趣を離れん。世尊、或は有情のもろもろの利と飲食《おんじき》と貪欲《とんよく》とに染著して、三昧耶《さんまや》（＝仏の本誓）を憎悪することを先づ行ふ等のものあらば、かくの如き等の類も、意にしたがつて愛楽《あいぎょう》し、（金剛界の大曼荼羅に）入りをはれば、すなはち一切の意願を満たすことを得ん云々」（大曼荼羅広大儀軌品の三）。

金剛頂経の主要な注解書

・不空《ふくう》『金剛頂経義訣』一巻
同『十八会指帰』一巻
・空海《くうかい》『金剛頂経開題』一巻
・円仁『金剛頂大教王経疏』七巻
・円珍『金剛頂経開題』一巻
同『金剛頂瑜伽成身私記』一巻
同『金剛頂瑜伽真実教王成身会品』一巻
・道範《どうはん》『金剛頂経開題勘注』一巻（または三巻）
・頼瑜《らいゆ》『金剛頂経開題愚艸』三巻
・宥範《ゆうはん》『金剛頂経鈔』五巻
・杲宝《ごうほう》『金剛頂経開題鈔』一巻
同『金剛頂経開題鈔玄義分』一巻
同『金剛頂経開題幼学鈔玄義分』一巻
・頼尊《らいそん》『金剛頂経偈釈』一巻
・宥快《ゆうかい》『金剛頂経開題鈔』一巻
・賢宝《けんぽう》『金剛頂経開題幼学鈔』三巻
・宏賢《こうけん》『金剛頂経開題聞書』二巻

・曇寂《どんじやく》『金剛頂大教王経私記』一九巻
・良基《りようき》『金剛頂経開題玄談』一帖

以上の大日経系の胎蔵曼荼羅と金剛頂経系の金剛界曼荼羅とは、両部曼荼羅とよばれ、対の組み合わせになっている。このような両部思想は不空より恵果に至る過程において完成したもののようである。

胎蔵曼荼羅は詳しくは大悲胎蔵生曼荼羅とよばれるように、大日如来の大悲のはたらきによって一切衆生を救済する理の原理を表現したものであり、胎蔵生は一切衆生を育む可能態を喩えたものであって、無限の出生を意味する。これに対して金剛界曼荼羅は、さきにのべた五相成身観の実修によって大日如来の境界を実現する智の原理を表現したものである。

秘蔵宝鑰

空海の撰述には広略二本立てのものとして、『秘密曼荼羅教付法伝』と『真言付法伝』、あるいは『文鏡秘府論』と『文筆眼心抄』とがある。そして、『秘密曼荼羅十住心論』（略称『十住心論』）と『秘蔵宝鑰』（略称『宝鑰』）もまた広本と略本との関係にある。この両書は空海の数多い撰述の中の双璧ともいえる主著である。しかも『十住心論』がいわゆる九顕十密の立場を示すのに対して、『宝鑰』は九顕一密の立場を明らかにしたものである、とされる。すなわち前者は十住心のすべてが秘密曼荼羅＝密教の世界であるのに対して、後者では第十住心の秘蔵を開く宝鑰という書名がこれを表明しているのである。なお、『十住心論』撰述後に『宝鑰』が著されたことは周知のとおりである。

さて、『十住心論』の帰敬頌をみると、『即身成仏義』『秘蔵記』などにある「即身成仏頌」の六大・四曼・三密の綱格を基礎とし、金胎両部の実践体系が巧みに組み合わされている。ところが、一方、『宝鑰』の序は、まず序頌を掲げ、次に十住心の内容を曼荼羅に即して概説し、さらに帰敬頌を示す。

帰敬頌は『十住心論』とはかなり異なり、両部をふまえて大・法・三昧耶・羯磨の四種曼荼羅によって構成されている。そして、引き続き、十住心の名称を挙げながら、その内容を韻文でまとめている。

次に、その訓み下し文と現代語訳を試みてみたい。

第一異生羝羊心
凡夫狂酔して　吾が非を悟らず。
但し婬食を念ずること　彼の羝羊の如し。
第二愚童持斎心
外の因縁に由つて、忽ちに節食を思ふ。
施心萌動して　穀の縁に遇ふが如し。
第三嬰童無畏心
外道天に生じて　暫く蘇息を得。
第一住心　異生羝羊心《いしょうていようしん》
無知な者は迷って、わが迷いをさとっていない。
雄羊のように、ただ性と食とのことを思いつづけるだけである。
第二住心　愚童持斎心《ぐどうじさいしん》
他の縁によって、たちまちに節食を思う。他の者に与える心が芽ばえるのは、穀物が播かれて発芽するようなものである。
第三住心　嬰童無畏心《ようどうむいしん》
天上の世界に生まれて、しばらく復活することが

彼の嬰児と　犢子《とくし》との母に随ふが如し。

第四唯蘊無我心

唯だ法有を解して　我人皆遮す。

羊車の三蔵　悉く此の句に摂す。

第五抜業因種心

身を十二に修して　無明、種を抜く。

業生已に除いて　無言に果を得。

第六他縁大乗心

無縁に悲を起して　大悲初めて発《おこ》る。

幻影に心を観じて　唯識、境を遮す。

第七覚心不生心

八不に戯を絶ち　一念に空を観れば、

できる。それは幼な児や子牛が母にしたがうようなもので、一時の安らぎにすぎない。

第四住心　唯蘊無我心《ゆいうんむがしん》

ただ物のみが実在することを知って、個体存在の実在を否定する。教えを聞いてさとる者の説は、すべてこのようなものである。

第五住心　抜業因種心《ばつごういんじゅしん》

一切は因縁よりなることを体得して、無知のもとをとりのぞく。このようにして迷いの世界を除いて、ただひとり、さとりの世界を得る。

第六住心　他縁大乗心《たえんだいじょうしん》

一切衆生に対して計らいない愛の心を起こすことによって、大いなる慈愛がはじめて生ずる。すべての物を幻影と観じて、ただ心のはたらきのみが実在であるとする。

第七住心　覚心不生心《かくしんふしょうしん》

あらゆる現象の実在を否定することによって実在

心原空寂にして　無相安楽なり。

第八一道無為心

一如本浄にして　境智倶に融す。
此の心性を知るを　号して遮那《しゃな》と曰ふ。

第九極無自性心

水は自性無し　風に遇うて即ち波たつ。
法界は極に非ず　警を蒙つて忽ちに進む。

第十秘密荘厳心

顕薬塵を払ひ　真言《しんごん》、庫を開く。
秘宝忽ちに陳して　万徳即ち証す。

に対する迷妄を断ち切り、ひたすら空を観れば、心は静まって何らの相《すがた》なく安楽である。

第八住心　一道無為心《いちどうむいしん》

現象はわけへだてなく清浄であって、認識における主観も客観もともに合一している。そのような心の本性を知るものを称して、仏（大日如来）というのである。

第九住心　極無自性心《ごくむじしょうしん》

水にはそれ自体の定まった性《しょう》はない。風にあって波が立つだけである。さとりの世界はこの段階が究極ではないという戒めによって、さらに進む。

第十住心　秘密荘厳心《ひみつしょうごんしん》

密教以外の一般仏教は塵《ちり》を払うだけで、真言密教は庫《くら》の扉を開く。そこの庫の中の宝はたちまちに現われて、あらゆる価値が実現されるのである。

以下、各住心を解説する文中に必ず頌によるまとめがある。

ところで、『十住心論』と異なる点として直ぐ目にとまるのは、第四住心において憂国公子と玄関法師との問答があることである。このようなドラマチックな筆致は『三教指帰』以来、空海の最も得意とするところであったと思われる。玄関法師は空海自身をモデルとしたことは容易に想像されるが、こうした国家と仏教つまり王法と仏法との関係をめぐる一種の国家論を第四住心で取りあげたところが、われわれの注意を引く。つまり、第一住心から第三住心まではいわゆる世間三箇住心であって、世間世俗の思想を取り扱ったものである。そして、第四住心より仏教に移るから、この意味で、この第四住心は仏教の初入の門に当たる。

十住心を大きく分けると、第一と第三までの住心は世間の住心、第四から第十までのそれは出世間の住心である。当然のことながら出世間の仏教においては世間世俗の国家との接点が問題にならざるを得ない。このことは序頌の中に、「我、今、詔を蒙つて十住を撰す」とあるように、淳和帝の勅命によって撰進したから、空海はおそらく意識的に国家論を取り挙げたのではないかと推察される。

そのうちで、仏法と王法との調和についての憂国公子の問いに対して玄関法師は、まず、仏教には寛大なる悲門と厳粛なる智門とがあることをのべ、さらに、次のような答えが示される。

「また世間の君主の法律と法の帝王である仏の制定したもう戒律とは、そのものは違っていても意味するところは通じるものがあります。法のままに制し治めれば得るところはたいへんなものです。法をまげて自分の思いに従えば罪過の報いはたいへん重いのです。世間の人びとはこのわけを知りません。王法をよくきわめずして仏法をうかがおうとしません。愛憎に従って浮き沈みし、貴賤に従って、ものごとをおしはかっています。

このようにして世を治めているのですから、後の報いはどうしてまぬがれることができましょう。よくよくつつしまなければなりません。」

これは、王法と仏法とは一応異なっているが、王法のきわまるところは仏法であるとみて、正法国家の理想を思想的な根拠として発言し、王法批判をしているのである。

仏法は超国家的立場にたつものでありながら、それは王法をして正法たらしめるものでなければならない。

真言宗の鎮護国家観が後代になるにしたがって、王法に従属した仏法という観念に傾斜してくるが、空海の本意を正しく掬みとる時、決してそうあってはならないことが知られる。

第六他縁大乗心から大乗仏教になる。したがって、第六住心は大乗の初入の段階に位置する。そして、ここで初めて衆生の存在が確認され、慈悲の教えが説かれていることはきわめて重要な意味をもつ。大乗は衆生の存在を基盤とし、慈悲の教えをもって一貫しているのが歴史的事実そのものでもあるからである。

第五抜業因種心を批判して、「人びとをいつくしむ大なる慈愛を欠くから、救いのてだてを備えていない。ただ自分だけの苦悩をなくして、さとりを得る」という。そして、第十秘密荘厳心の最初の六韻の詩の冒頭に、「九種の住心はそれ自体の性をもたない。深くして妙なる第十住心に移るべきものだから、皆、これらは第十住心の因である」と。これによると、第一より第九までの住心は因であり、第十住心のみが果である。かくして顕教と密教とは因果関係にあるわけだが、第九住心の末尾に『釈論』が引用されて、極無自性といえども「こうしたすぐれたものでも根源的無知（明）にとどまり、真のさとりの境位ではない」と断ずる。

そこで第十住心のみが法身の教えであり、衆生本具の曼荼羅の世界が開示されるのである。したがって、因＝顕教と果＝密教との間には次元を異にした断絶があり、非連続の関係が認められる。九顕一密といわれるゆえんであろう。

第八、第九の実大乗は、現実的には天台・華厳のいわゆる華天両一乗であるが、大師によれば、それらはことごとく理談であった。ことに華厳の世界は哲学としては最高の位のものではあっても、いまだ真実の宗教的実践には及ばない。そこで密教は「もろもろの教えを越えて極致にして真実である」（『宝鑰』第十巻末尾）実践体系だと説かれているのである。

私はこれを「見るものから働くものへ」（「哲学」から「宗教」、または「理論」から「実践」へ）というように捉えたい。

実践はいうまでもなく一切衆生の三密成仏の実践であり、その根底には「我心と衆生心と仏心との三つは差別はない。この心に住すれば、すなわちこれが仏道を修することである」（『弘仁遺誡』）と誡められていることが知られなければならない。このことを銘記しなければ即身成仏は独覚のそれと同日の談とならざるをえないであろう。

『宝鑰』における十住心の所論は、あくまでも衆生本具の曼荼羅すなわち秘密荘厳心を開顕することを目ざしたものであった。だからこそ世間より出世間へ、小乗より大乗へと進展し、さらに大乗より密教へと飛躍的な心品転昇が示されたのである、と思われる。

Ⅳ　密教を学び・修行する

歴史・教理の学び方

まず歴史を概観する

仏教学はごく一般的にいえば、仏教を研究の対象とする学問である。だから、「仏教とは何か」ということを学問的に究明するのが仏教学だといってよいであろう。

江戸時代の仏教学は各宗各派単位で、これを宗乗《しゅうじょう》――宗派の教えのこと――といい、自宗自派以外は余乗《よじょう》――その他の教え――といって区別していた。これは江戸幕府の宗教政策で宗派を縦割りにして統制したために生まれた閉鎖的な仏教研究であった。

古典的な仏教概論として知られた東大寺凝然《ぎょうねん》の『八宗綱要』にしても、宗派別の仏教学である点に変りはない。

明治になってから在家のいわゆる居士仏教の人びとが宗派を越えたところの「通仏教」を提唱した。確かに、従来のわが国の仏教は宗派仏教であったから――あるいは現在でも宗派仏教が実は日本仏教の実体をなしているのであるが――超宗派的な、逆にいえば各宗に共通するような一般性をもつ仏教を明らかにする必要があった。そして、その必要度は現在においても変りがないだけに、概論的に仏教そのものを明らかにする学的作業はまだあまり進んでいないともいえるのである。私の乏しい経験によるものであるが、次の学び方を提示してみたい。

仏教学には、仏教の歴史と教理とをふくめるのが便宜上、適当であると思われる。広くアジア地域に伝播した仏教をみる場合、インド仏教がいちおう基準となるので、最初にその歴史を概観しておくのがよい。思想史的な時代区分をすれば、次のとおりである。

（一）初期仏教――紀元前五世紀より前三世紀半ばまで。
（二）部派仏教――紀元前三世紀半ばより以後。
（三）大乗仏教――紀元前後より以後。
（四）秘密仏教（密教）――四世紀以後十二世紀末まで。

初期仏教は仏教の開祖釈尊を中心として成立した仏教教団がいわゆる一味乳水であった時代で約二世紀間つづいた。

前三世紀半ばにマウリヤ朝のアショーカ王が全インドを統一し、この頃、王の保護奨励によって、それまでインドのガンジス河中流域地方にあった仏教はインドの各地に伝播した。それぞれの地方で教団が存在したが、戒律の自由解釈をする者たちと保守伝統的な立場をとる者たちとの間の見解の相違がもとで分裂を始めた。これが部派仏教である。漢訳・チベット訳資料では二十部、他に数部あったことは銘文などで知られ、紀元前後ころまでには分裂が終った。これらのうち上座部と大衆部とが根本二部派である。上座部は伝統的な釈尊の教えを忠実に守り、大衆部は釈尊を超人化するとともに一般在家の人びとと接触をもつところの開かれた教団である。

紀元前後ころ大乗仏教が興起した。大乗を名乗る人びとが出て、従来の部派仏教を小乗ときめつけた。仏教の民衆化運動ともいうべき大乗が興起発達した原因はいくつか考えられる。その一つはギリシャのヘレニズム文化の流入である。異文化との交流はガンダーラ地方における仏像の制作、観仏作法、菩薩思想の発達をうながした。また、仏塔の周囲に集まる一般在家の人びとの仏塔信仰が新しい仏教の波を起こしたとみられている。そこで、誰もが人びとを救済しみずから道をもとめる菩薩として修行すれば、やがて理想の彼岸に到達し、仏陀＝覚《さと》れる者となることが可能であるということを強調した。すべての者が仏陀たる本性をもつという仏性論は、かつての仏教にはなかった思想である。誰でも如来《ほとけ》から生まれたものであり、したがって何びとも如来《ほとけ》をやどすという如来蔵思想も然りである。

この大乗仏教はさまざまな経典を成立させた。紀元の初め頃にはすでに般若経典や法華経典の原型的なものは出来ていたようである。また『涅槃経《ねはんぎょう》』『華厳経《けごんぎょう》』『維摩経《ゆいまぎょう》』や浄土経典などが編集され、数限りない仏菩薩が出現した。大乗の大きな特色はといえば、多仏信仰であるといえる。これがやがて密教の出現――たとえば曼荼羅《まんだら》の制作など――につながってゆく。大乗仏教の全盛期に対民衆活動の土壌のなかで密教が醸成されていった。

密教は便宜上、雑密《ぞうみつ》（雑部密教）と純密《じゅんみつ》（正純密教）とに分ける。前者は呪的色彩が強く、非体系的な密教であり、主として除災招福を目的とする。後者は呪的世界を昇化させ、体系的であり、一定の組織をもつ。釈尊は呪術的な一切の行為を禁止したが、雑密的な要素はすでに初期仏教、部派仏教の時代にも認められるのは、仏教が民衆の間にひろがってゆく過程で辿った必然的現象として理解しなければならない。

初期の純密は七世紀から八世紀にかけて成立した。代表的な経典は『大日経』と『金剛頂経』で、わが国ではこれを「両部大経」という。

チベットには七世紀ころからインド仏教が伝わった。チベット密教はインド後期密教と軌を一にして、主に『金剛頂経』系の密教が展開した。

七世紀以後のインド仏教史は、事実上、北インドのパーラ朝の密教が主流になる。

密教は一般の大乗仏教とどのような相違があるか。まず、教主についてみると、一般大乗仏教の場合は釈迦如来をはじめとするさまざまの仏菩薩であるが、密教は大日如来の一尊である（最後期の密教の場合を除く）。そして、大日如来によって他のあらゆる諸尊がすべて総合的に統一され、曼荼羅として組織されている。また、密教は経典を母胎として編集された儀軌《ぎき》によって宗教的儀礼（修法、行法）がおこなわれる。

密教は神秘性・象徴性・儀礼性の三つの特質をもつ点が、一般大乗仏教すなわち顕教と著しく異なる。

なお、初期仏教が部派仏教に発展的に解消し、さらに部派仏教が消滅して大乗仏教となり、密教が大乗仏教にとって代ったというようにインドの仏教史の流れを直線的展開の様式で捉えるのは、ヨーロッパ的な史観の投影であることに注意しなければならない。すなわち部派仏教は大乗仏教の時代にも依然おこなわれていたのであり、十三世紀初頭にイスラーム教徒によってインド仏教が滅亡するまで存続している。また、密教の全盛期には大乗仏教もまた活発に活動していたから、それはいつの時代にも共存しながら発展しているのである。

仏・法・僧こそ仏教の基本

仏教を地域的に南北に区分することができる。南方仏教は東南アジア諸国、スリランカの仏教である。北方仏教はチベットを含む中国——歴史的に仏教をみる場合には事実上、チベットと中国とははっきり区別すべきであるが——朝鮮——日本の仏教である。南方仏教は主として上座部系で釈尊まで遡る比較的古い時代の仏教の伝統が忠実にまもられている。これに対して北方仏教は発達した大乗系の仏教で、密教をふくむ。

経典などに用いる言語は、インド仏教は主としてサンスクリット語（梵語）を用いたのであったが、南方仏教はサンスクリット語が俗語化したパーリ語、チベット仏教はチベット語、中国・朝鮮・日本仏教は漢訳語（＝中国語）である。

時代別、地域差などによって同じ仏教といっても非常に様相が異なっている。特定の民族信仰と混淆したり、同化した場合もある。たとえば、日本仏教を例にとれば、実質的には祖霊信仰、祖先崇拝という固有の民俗信仰が主体をなしており、これは弥生時代に大陸の中国農耕民族の信仰がわが国に伝えられて縄文時代以来の固有信仰と混淆したと思われるが、これなどはインド仏教には全くなかったことである。その他、チベット仏教には土着のボン教が混淆し、中国仏教には儒教・道教の影響が認められる。南方仏教にもこれまた若干は土着信仰が混入している。

しかしまた、仏教である限り、何らかの共通性がなければならない。その点を明らかにするのが、仏教学の第二段階である。

仏教とは仏陀すなわちさとりを得た者の教えという意味で、サンスクリット語のブッダ・シャーサナ（パーリ語、ブッダ・サーサナ）の訳で、文字どおり仏の教えということである。仏教徒になるための必要最小限度の条件は仏・法・僧の三宝に帰依することである。仏宝・法宝・僧宝というように、仏・法・僧を無上の価値あるものとして宝に喩えたものである。

およそいかなる宗教であっても、開祖（教祖）があり、開祖の教え（教理、教義）があり、開祖を信仰の対象として、その教えをいただく信仰共同体ともいうべき教団がなくてはならないから、厳密にいえばそのいずれか一つを欠いても宗教として成立し得ないわけである。

そこで仏教を総体的にまとめてみる場合にも、便宜上、三宝を取りあげるのがよいであろう。

㈠仏宝

仏教の開祖は、釈尊である。釈迦牟尼仏《しゃかむにぶつ》ともいう。釈迦というのはシャーキヤという種族の名称であり、仏陀は前述のようにさとれる者で、仏は略称。ほとけというのはその和訓。牟尼は寂黙《じゃくもく》（者《しゃ》）とも訳し、教義的には煩悩を滅ぼした者の意。本来は非アリアン民族系の宗教的聖者に対する尊称であった。なお、仏陀はサンスクリット語のブッダ、牟尼は同じくムニの音写語。釈尊は釈迦族出身の尊者を意味する。のちには釈迦如来という場合もある。如来は教義的にはいくつかの解釈があるが、これも本来は非アリアン民族系の宗教的聖者に対する尊称であるから、バラモン教では普通は用いない。

大乗仏教の菩薩思想が起こるとともに仏は釈尊のみならず、「三世十方の諸仏」といわれるように数限りない仏が存在するようになる。菩薩は菩薩の行為である六波羅蜜《ろっぱらみつ》の実践によってやがて仏となることができるから、何びとも仏たる可能性をもっている。そして、六波羅蜜を説くことは大乗仏教に一貫して認められるところである。波羅蜜はサンスクリット語のパーラミターの音写語で、彼岸に到達する意味で、彼岸は迷いの世界に対してさとりの理想の世界をさすから、理想を完成することである。①布施。ほどこし。もののほどこしと真理の教えのほどこし、恐れを除き安心をほどこすこと、とがある。②持戒。いましめ。③忍辱《にんにく》。耐えしのび。④精進。はげみ。⑤禅定。心のしずまり。⑥智慧。さとり。これらを六波羅蜜、あるいは六度ともいう。

菩薩には誓いがある。それはすべての人びとを救い導いて、さとりの理想の世界に渡さない限り、みずからのさとりに到らないというものである。だから、菩薩は永遠の救済者であると同時に、みずからは求道者であるということができる。

仏の身を仏身といい、仏身をどのようにみるかは仏教の教理の発達と不可分の関係にあり、仏身観は仏教のあゆみとともに、発達した。初期大乗には生身と法身の二身説が認められる。生身は歴史上の実在の人物である釈尊、すなわちわれわれ人間と同じ生きた身の仏であるのに対し、釈尊がさとったさとりそのものを仏身とみるのが法身であって、それはいわば理念的存在としての仏にほかならない。さらに、一般的には三身説がおこなわれた。①法身は絶対真理のさとりそのものを仏の身体とするもので、絶対真理すなわち真如《しんによ》と法身とは同義語である。②報身は報われた身体ということで、釈尊が無限の過去の生涯から修行をつんで、この世において仏となったのをさす場合もあるが、普通はすべての菩薩が修行の結果、その報いによって得られる仏身である。③応身は人びとを導くために、さまざまな姿かたちをとって現われる仏身。化身、応化身などともいう。

法身思想は、密教に至って完成された。密教の法身は理念的な真如としての法身のような具象性のないものではなく、絶対の仏格を有する実在の大日如来である。しかも大日如来は地・水・火・風・空（弘法大師空海はこれに識＝精神世界を加える）という五つの粗大な物質要素、すなわち五大からなる全宇宙存在によって象徴されるような絶対的存在である。要するに、あらゆるものは物質たると精神たるとを問わず大日如来を象徴しているので、これを如来の三昧《さんま》耶形《やぎょう》（シンボル）という。また一般大乗仏教が仏性論にとどまるのに対して、密教は仏の実現をめざす成仏論の立場を明確にしている。

また、法華経典は現実の釈迦如来に対して、永遠の仏ともいうべき久遠実成《くおんじつじょう》の仏陀を説き、浄土経典には阿弥陀如来による救いの教えがあり、さらに華厳経典の教主は毘盧遮那《びるしゃな》如来で宇宙論的《コスミック》な蓮華蔵《れんげぞう》世界という世界観があるといったように多彩を極めるが、最終的には密教の曼荼羅のなかに諸仏菩薩などは包摂される。

㈡法宝

法はサンスクリット語のダルマの訳語で、仏の説いた真理の教えという意味である。仏の教えは、経《スートラ》として伝えられ、仏の制定した戒めに律《ヴイナヤ》がある。経の説明解釈は論《アビダルマ》としてまとめられた。これらのシリーズを経律論の三蔵という。

大乗仏教の時代にも独自の経典が編集されたが、仏の教えにもとづくものという宗教的確信から経題に仏説（仏の説きたもうたもの）という語を冠する場合が多い。密教の時代には右の三蔵の他に一般大乗の教えとして般若波羅蜜多《はんにゃはらみった》蔵、密教の教えとして陀羅尼《だらに》蔵を加えた五蔵がある。仏教の全聖典は一切経または大蔵経とよばれる。これは中国系の仏教の呼称で、南方仏教ではトゥリ・ピタカ（パーリ語）、すなわち三蔵といっている。

㈢僧宝

僧は僧伽《そうぎゃ》の略で、サンスクリット語のサンガの音写。仏教教団のことで、和合衆、和合僧などともいう。すでに釈尊教団に四衆があった。四衆は比丘《びく》・比丘尼《びくに》・優婆塞《うばそく》・優婆夷《うばい》よりなる。比丘は男子の出家修行者、比丘尼は女子の出家修行者、優婆塞は男子の在俗信者、優婆夷は女子の在俗信者。したがって仏教教団は出家と在家によって構成される。釈尊は地上の理想社会のモデルケースとしてサンガを組織したのであった。出家修行者は真理の教えを在俗信者にほどこし、在俗信者は出家修行者に物のほどこしをするという互恵の関係において現実の仏教教団が存立する。

最後に仏教を他宗教とくに一神教と比較して、その特質ともいうべきものを指摘してみよう。

㈠仏教には唯一絶対の神はなく、人間釈尊を開祖とするのに起源する。大乗仏教は多仏信仰の形態をとり、密教は汎仏論《はんぶつろん》――汎神論と同様に考えてよいと思われる――であるが、いずれにしても仏とわれわれ（衆生）とは本質的に何らの相違がない。衆生は本来、仏なのである。

㈡信仰対象としての仏とわれわれ人間との間に質的価値段階が認められないから、その点、人間と神とが絶対的に断絶している一神教に対しては無神論の立場をとるということもできよう。

㈢人間釈尊の説いた教えであるから、仏教は人間中心主義の宗教であって、その教えは天啓もしくは啓示ではなく、また預言者の宗教とは全く異なる。

なお、日本仏教についてみた場合、おおまかに分けると、密教はインド的な仏教、禅は中国的な仏教、浄土教は日本的な仏教といえよう。

さらにすすんで仏教を学ばれる方には、渡辺照宏博士の『仏教』(岩波新書)と『日本の仏教』(岩波新書)の二冊をお薦めしたい。なお中村元博士の『仏教語大辞典』(縮刷版、東京書籍)を座右に置くと便利である。

密教の教理に関する言葉

弘法大師空海は、『起信論』『釈摩訶衍《しゃくまかえん》論』などにもとづいて、六大体大《ろくだいたいだい》・四曼相大《しまんそうだい》・三密用《さんみつゆう》大《だい》の三大円融《えんにゆう》の体系を組織した。三大の大は周遍の意味で、全宇宙にあまねくゆきわたっていることを意味する。これはわが国の密教の綱格であって、『即身成仏義』の冒頭に、「即身成仏《そくしんじょうぶつ》頌《じゅ》」として、まとめて説かれている。すなわち、

六大無碍《ろくだいむげ》にして常に瑜伽《ゆが》なり　体《たい》
四種曼荼《ししゅまんだ》各々《おのおの》離《はな》れず　相《そう》
三密加持《さんみつかじ》すれば速疾《そくしつ》に顕《あら》はる　用《ゆう》
重々帝網《じゅうじゅうたいもう》なるを即身《そくしん》と名づく　無碍《むげ》

（下略）

密教の教理には六大を中心とする六大体大説に対して、阿字《あじ》体大説の流れがあるので、阿字

を最後に取りあげる。

六大

六大は万有一切を構成している粗大な要素で、地・水・火・風・空・識のこと。六大の大は普遍性をもったものの意で、六大をもって本体としているのを六大体大という。密教の宇宙観、宗教的世界観の基本になっている。古代インドでは地・水・火の三大説、あるいは古代ギリシャの哲学者エンペドクレスのような地・水・火・風の四大説、また地・水・火・風・空の五大説など、さまざまの物質要素が説かれるが、『大日経』の五大説に識大を加えて六大を説いたのは、空海の創見である。

一切万有は六大より成立し、六大が全宇宙に遍在しているとするから、顕教で説く真如《しんにょ》すなわち絶対真理のように唯心論的見方と異なり、きわめて具象的に実在としての真理が説かれている。地などの五大は物質世界を構成している粗大な要素であり、識大は精神世界を構成している粗大な要素である。ところで、さきの頌に「六大無碍にして常に瑜伽《ゆが》なり」とあるように、六大は相互にさまたげることなく常恒に融合して、この全宇宙を成立せしめているのである。

六大には法爾《ほうに》の六大と随縁《ずいえん》の六大とがある。前者は常住不変の実在としての六大、後者は生滅変化している現象としての六大である。実在の六大は万有を構成するところの能産的な存在であるから、これを能造の六大というのに対して、現象としての六大は構成されているところの所産的な存在であるから、これを所造の六大という。

空海は『即身成仏義』で、「造り出すものと造り出されるものとの二者があるといっても、本来はすべて造り出すものと造り出されるものという対立を離れている。あるがままの道理に、どうして造るとか造られるとかいう対立があろうか」と説いている。

これを別言すれば、当相即道《とうそうそくどう》または即事而真《そくじにしん》という。当相即道は世間におけるあらゆるさまざまのすがたがそのまま真実な道理を表わすということであり、また即事而真は生滅変化する現象世界がそのままに常住真実であるとみるもので、逆に常住の真実在がさながらに現象としてあらゆる生滅変化のすがたをとり、それがそのまま真実であるとする。実在としての法爾・能造の六大はとりもなおさず随縁・所造の六大として現象しており、現象しているすがたかたちがすなわち真実在にほかならない。これはまた一即一切、一切即一と華厳哲学的な表現で示される。一は実在、一切は現象であって、実在即現象、現象即実在ということができよう。

一と一切（＝多）との相即相関関係はまた、一法界と多法界という言葉で説かれる。一法界はあらゆる存在するところのものの本体がすがたかたちをとどめず平等にして絶対無差別であるとみるのに対して、多法界はあらゆる存在するところのものの本体がことごとくさまざまな個性的なすがたかたちをとり、差別されている世界であるとするものである。もちろん一法界と多法界は各別に存するのではなく、両者は不可分の関係にある点で二ならず（不二《ふに》）とされながらも、しかも両者はそれぞれに存在している。

次に、六大無碍を異類無碍《いるいむげ》と同類無碍《どうるいむげ》の様式に分けてみることができる。前者は六大のうちで、たとえば地大と水大、火大と風大などの異なった類《たぐい》のものが相互にさまたげることなくわたり合って中に入っているさまであり、後者はAの地大がBの地大と、Aの水大がBの水大と相互にさまたげることなく、わたり合って中に入っているさまをいう。

さらに、六大は相互に融け合いさまたげることがないから、Aを主体とすれば他のBなどはそれに随伴し、他のBなどを主体とすれば、Aはそれに随伴するので、これをそれぞれ互具《ごぐ》・各具《かくぐ》という。各具は六大それぞれがさまたげることなくわたり合って入りまじっているが、それぞれの個体の固有の本性を失うことがない。かつて高神覚昇先生は互具の思想を「万有の普遍性」、各具の思想を「万有の特殊性」とよびならわした。

ところで地・水・火・風・空・識という粗大な構成要素によって構成されている宇宙の本体は、宗教的人格体によって表現すると、それは絶対者である大日如来であるというのが、六大法身の思想である。したがって、六大は法身大日如来を象徴するものとして、これを如来の三《さん》昧耶形《まやぎょう》という。顕教では地・水・火・風・空を物質（色《しき》）、識を精神（心《しん》）として区別するが、密教では、たんなる物質、たんなる精神というものを認めない。

『即身成仏義』にいう。

「四大などは、心大〔=識大〕を離れてあるものではない。心と物質とは、異なるといっても、その性質は同じである。物質すなわち心、心すなわち物質であり、(両者は）さわりなくさまたげることがない」。

なお、当相即道・即事而真、一法界と多法界などは、以下述べる四曼相大、三密用大のそれぞれについても六大体大の場合と同じことがいえる。

法身大日如来は梵字の阿字の一字（後述）によっても表現されるが、この阿字の内容を開いたのが、前述の六大の世界観である、と解される。

四曼

四《し》種《しゆ》曼荼羅《まんだら》の略称。大《だい》曼荼羅・三昧耶《さんまや》曼荼羅・法《ほう》曼荼羅・羯磨《かつま》曼荼羅をいう。体・相・用の三大すなわち全宇宙が本体・様相（現象）・作用によって構成されているとする立場から、様相もしくは現象の面を四種曼荼羅とするものである。曼荼羅を絵画で表現したり、仏像などを制作するとき、五大を象徴する五色（青・黄・赤・白・黒）で綵画された尊格の全体像が大曼荼羅である。三昧耶曼荼羅は象徴の世界であって――三昧耶はサンスクリット語のサマヤ（samaya）の音写語で、象徴《シンボル》を意味する――、全宇宙そのものがすでに法身大日如来を象徴しているが、絵画で表現された曼荼羅では、諸尊の持物が、それぞれの宗教的人格を象徴する。たとえば、大日如来は仏塔で象徴される。そして仏部は輪《チヤクラ》、蓮華部は蓮華、金剛部は金剛杵、宝部は宝、羯磨部は刀剣で象徴される。

全宇宙の現象はそのまま言語表現であるとするのが法曼荼羅であるが、図画されたものでは、諸尊の種子《しゅじ》（一字の梵字で表わしたもの）真言などで表示される。羯磨曼荼羅は全宇宙の活動、作用をいうが、曼荼羅の図画では諸尊のさまざまなポーズで表現され、または仏像などの材質による区別、および、表現形態における活動を羯磨曼荼羅といっている。

『大日経』本尊三昧耶品《ほんぞんさんまやぼん》によると、諸尊にはそれぞれ字《じ》・印《いん》・形像《ぎょうぞう》の三種身があると説く。このうち、字は法曼荼羅、印は三昧耶曼荼羅、形像は大曼荼羅に相当し、これら字・印・形像を具える威儀活動を表示するのが羯磨曼荼羅であるとする。要するに、字・印・形像の三種身が四種曼荼羅構成の根拠となっていることが知られる。

なお、四曼と関連して、四智印を述べておきたい。これは大智印・三昧耶智印・法智印・羯磨智印の四種の智印をいう。智印とは、諸仏諸菩薩が具えているところの智慧を表示する象徴、すなわち三昧耶形のこと。空海はこの四智印を四種曼荼羅の異名にして同体であるとして、それぞれを大曼荼羅・三昧耶曼荼羅・法曼荼羅・羯磨曼荼羅に配する。これは『即身成仏義』における空海の創見であって、同じく『秘密曼荼羅十住心論』巻第十の初めにも、「秘密荘厳《しょうごん》住心とは（……中略）このような曼荼羅に、それぞれに四種曼荼羅・四智印などがあり云々」という。この場合も四種曼荼羅すなわち四智印の意に解される。

四種曼荼羅を四智印とする空海の創見に対して、二、三の解釈がある。その代表的なものをあげると、決断決定《けつじょう》が智印の意味であるが、四種曼荼羅のそれぞれが決断決定の智慧の徳性を有するので、これを智印と称するのであるとする。

前引の頌に「四種曼荼〔羅〕各々離れず」とあるように、四曼は大曼荼羅を中心としてそれぞれが離れがたいところの不可分の関係にある。

本体としての六大と、様相・現象としての四曼との関係においても、もとより当相即道、即事而真の立場よりこれをみることができる。また、金剛界曼荼羅の中核をなす羯磨会（成身会）の外金剛部院あるいは胎蔵曼荼羅の最外院に配される諸天などと法身大日如来との関係においても、当相即道、即事而真が端的に表現されている。すなわち絶対者である法身大日如来がインドの諸神や地獄・餓鬼・畜生などのすがたかたちをとって顕現しているわけである。

三密

三密は身体・言葉・意《こころ》（＝身《しん》・口《く》・意）の秘密のはたらきで、これを身密《しんみつ》・口密《くみつ》（または語密とも）・意密《いみつ》という。顕教では身体・言葉・意の三つのはたらきを説く。いわゆる身・口（または語）・意の三業《さんごう》である。密教では三業とはいわず、あえて三密を説くのは、本質的にいって、われわれの三業は法身大日如来の三密と同等であるからであるとする。

われわれの身体・言葉・意の三つのはたらき、すなわち三密を法身大日如来の三密に合一せしめるのを三密加持《かじ》という。加持はサンスクリット語のアディシュターナの訳語で如来の不可思議な力のはたらきであるが、如来がわれわれにはたらきかけるのを加、われわれが如来のはたらきかけに応じて感じ取るのを持という。

このことについて、『即身成仏義』に、次のように説いている。「加持とは如来の大悲と人びとの信心を表わしている。あたかも太陽の光のような仏の力が、人びとの心の水に映じあらわれているのを『加』といい、真言密教の修行者の心の水がよくその仏の日を感じ取るのを『持』と名づける」。

また同時に『秘蔵記』にも、次のようにいう。「『加』とはもろもろの仏が（われわれを）念じまもることであり、『持』はわれわれがみずから行なうことである。（中略）もろもろの仏が念じまもることである。われわれの内なる心ともろもろの仏が霊妙な力を加えこうむらせたもうことととは感じ応ずるというつながりがあるから、われわれは道をもとめて修行する。これをみずから行なうことというのである」。

なお、三密瑜伽《ゆが》または三密相応《そうおう》が三密の実践行である。瑜伽はヨーガの音写語で、心を特定の境地に集中すること。相応はその訳語。如来の三密とわれわれの三密とが結びつき、融合すること。『即身成仏義』によれば、具体的には、手に印契《いんげい》を結び、口に真言を誦《じゅ》し、心を本尊のさとりの世界に住することによって、三密瑜伽が実現される。これは一定の修行、行法によって三密を成就するので、有相《うそう》の三密という。これに対して、無相の三密は、日常の起居動作、言語および精神の諸活動がことごとく三密として展開するとされるものである。たとえば空海の『大日経開題』に、「口を開き声を発する真言は罪を滅し、手を挙げ足を動かす印契は、幸福を増進する。心が動くところに、たとえようもないすぐれた観察がおのずから生じ、意《こころ》のおもむくところには深い瞑想がたちまち成立する」とある。

なお、三密相応するとき、入我我入《にゅうががにゅう》が実現する、とされる。これは法身大日如来が我に入り、我が法身大日如来に入る意で、法身と自己との神秘的合一の境地を言い表わしたものにほかならない。

それはまた、凡即是仏《ぼんそくぜぶつ》あるいは仏凡一体《ぶつぼんいったい》という命題で示される。凡即是仏は凡夫すなわち煩悩さながらの存在ともいうべき凡庸なわれわれ自身がとりもなおさず仏であるということである。仏凡一体は、仏である法身大日如来と凡庸なわれわれ自身とは、本来一体であるということである。

もちろん、これらの命題は本来的なあり方であるから、これを本有《ほんぬ》という。しかしながら現実的にはわれわれと仏とは厳然として区別されているのであって、実践修行することによってこの命題どおりに理想が現成する。そこで、鉱石の喩えがある。鉱石のなかに純金がふくまれている。そのように鉱石であるわれわれ凡夫のなかには純金という仏が存在する。しかし、鉱石の不純物を取り除いて金を精錬しなければ、純金にならない。同様な実践修行を修生《しゅしょう》といい、修生によってはじめて本有の仏が顕現するわけである。

三密の実践行の前提として、三句《さんぐ》の法門（＝教え）・如実知自心《にょじっちじしん》が説かれるので、これをうかがうことにしたい。

『大日経』住心品《じゅうしんぼん》に、さとりの智慧（菩提）を得るためには「菩提心を因となし、大悲を根となし、方便を究竟《くきょう》となす」（菩提心為因《ぼだいしんいいん》・大悲為根《だいひいこん》・方便為究竟《ほうべんいくきょう》）ことがもとめられるという。これを三句の法門という。さとりの智慧はもとより法身大日如来の智慧で、それはあらゆる智慧のなかの智慧すなわち絶対智ともいうべきものである。菩提心はさとりの智慧をもとめる心であり、同時にその心はさとりの智慧そのものを意味する。菩提心は草木の種子に喩え、大悲は根のはたらきをもって、さまざまな生育条件によって種子は生長し、やがて花が咲き方便の実を結ぶ。菩提心はみずからのためであり、大悲は他のためのものであるから、両方は自利と利他という言葉で表わされる。方便はまさしく大悲のはたらきであるが、この方便が究竟すなわち究極の目的であるとする。

方便について唐善無畏《ぜんむい》・一行《いちぎょう》筆受『大日経疏《しょ》』には説明がないが、チベット訳ブッダグヒヤの『広釈』には布施などとあるから、布施《ほどこし》・持戒《いましめ》・忍辱《たえしのび》・精進《はげみ》・禅定《しずまり》・智慧《さとり》という菩薩の六波羅蜜（六つの実践行）であることが知られる。この三句は真言密教の教理と実践との中核をなすものであり、同時に全仏教もこの三句を出ないとさえ言われているものである。

如実知自心もまた『大日経』住心品にみえる語句で、「実の如く自心を知る」と訓《よ》む。菩提すなわちさとりの智慧とはありのままにみずからの心を知ることである、と説かれる。

空海の『秘密曼荼羅十住心論』巻第十に、『大日経』に、「さとりの智慧とは何かというならば、ありのままにみずからの心を知ることである」とあるが、まさにこの一句に量り知れない意味をふくんでいる。竪《たて》には十の重《かさ》なり（空海の説く心の世界の十段階で、十住心体系をさす）をもつところの意味の浅さ深さを顕わし、横には塵のように多数の広くて多いことを示す。また、「心の流れのすがたはもろもろの仏の偉大な秘密である。わたしはいま、これをことごとく開示する」というが、すなわちこれは竪の説である。（中略）

また、いう。「また次に正しい完全なさとりの句を志し求めるものは、心が量《はか》り知れないものであることを知るから、身体も量り知れないことを知る。身体の量り知れないものであることを知るから、智慧の量り知れないことを知る。智慧の量り知れないものであることを知るから、そのまま生きとし生けるものも量り知れないことを知る。生きとし生けるものが量り知れないことを知るから、そのまま虚空の量り知れないことを知る」と。これはつまり横の意味である。

阿字《あじ》

法身大日如来は梵字の阿の字（𑖀）の一字でも表現されるが、この阿字の内容を開いて六大とするから、六大体大説に対して阿字体大説が密教の実践体系の主要な流れとしてあることは、さきに触れたとおりである。

阿字を言語学的にみると、サンスクリット語のアルファベットの最初のア（a阿）という字音であって、あらゆる字音は阿を伴って離れない。たとえば仏教に特有のアルファベットである四十二字門（四十二字音の部門）のすべての字音も阿字に帰入するとみられる。また阿字は接頭語で名詞または形容詞の頭に冠すれば、その意味を否定するはたらきがある。

空海は『吽字義《うんじぎ》』で、阿字について、字相つまり一応の文字の上の解釈では、無《む》・不《ふ》・非《ひ》というたんなる否定の意味があるが、これは通りいっぺんの浅い意味合いである。字義つまり密教の立場における深く秘められた意味合いからすれば、不生《ふしょう》・空《くう》・有《う》の三つの意味がある、とする。万有の本源はそれ自体として不生（生ずることがないこと。いかなる他の原因を想定しても、そうした特定の原因から生じたものでないから、それは自己原因としての存在であること）を意味し、しかも同時にそれはそれ自体の固定的な本性つまり実体性をもつものでないから空であり、したがってかつ縁起生《えんぎしょう》、因縁所生のものであるから真の実在つまり有《う》として認められる。

阿字を万有一切の本源であるとするのは、密教の立場においては万有一切を絶対の存在である大日如来の象徴であるとみるからである。

これについては、阿字本不生《ほんぷしょう》が説かれる。これは阿字が本源のものとして存在し、他のいかなるものよりも生起しない、根源的な絶対存在であるという理法を象徴する意。阿字について空海の『字母表《じもひょう》』に、「もろもろの音声の母とする。またもろもろの文字の根本とする」「ほかならぬ阿字はあらゆる教えの根本である云々」とある。これは密教の立場から阿字本不生の理解を示したものである。すなわち本源のものとして不生なることを意味する。そこで、さらに阿字は絶対者である大日如来のさとりの世界そのものを表現するものであり、不生不滅なる真実在であるとする。

興教大師覚鑁《かくばん》の『阿字秘釈』によると、さきにみた因・根・究竟《くきょう》の三句の立場から本不生をみると、本は菩提心を因となし、不は大悲を根となし、生は方便を究竟となすの三句に、それぞれ配当し、三句は本不生の阿字に還元されるべきである、とする。

梵字の阿字（𑖀）を対象としておこなう密教の瞑想に阿字観がある。絶対にして永遠なるものが象徴される阿字に自己および万有一切を収めて、さとりの世界に至る実践法である広略二種の観想がある。略観は密教の極意に達する観想の仕方で、直経約四十センチほどの月輪のなかに蓮台を、その上に阿字を描いた阿字観の本尊（軸）を掛け、その前に結跏趺坐《けっかふざ》で法界定印《ほっかいじょういん》を結び、調息ののち、出入の息ごとに阿字を観想しながら、本不生の理法に参入する。最初、月輪を胸の中に収め、次第に拡大して全宇宙にひろげる。ひろげきったところで、再び縮めて胸に収めとったのち、図中に返す。

なお、当初の六大に関連して、五大を象徴する五字、さらに五大が五仏五智を象徴することを付け加えておきたい。

『大日経』阿闍梨《あじゃり》真実智《しんじっち》品《ぼん》に、「𑖀阿字は第一命《みょう》（地）である。𑖪嚩《ば》字を名づけて水とし、𑖨囉《ら》字《じ》を名づけて火とし、𑖮𑖳𑖽吽《うん》字《じ》を名づけて風とする。𑖏佉《きゃ》字は虚空《こくう》に同じである」とあるように、五字のそれぞれを五大に配する。そして、これらは順次、金剛界五仏の大日如来・不空成《ふくうじょう》就《じゅ》如来、宝生《ほうしょう》如来・阿弥陀《あみだ》如来・阿閦《あしゅく》如来を象徴する（唐、不空三蔵の伝）。

また、五大にはそれぞれ黄色・白色・赤色・黒色・青色の五色を配当する。さらに五大より成る智慧が五仏の有する五智である。

①法界体性智《ほっかいたいしょうち》。大日如来の智慧。真理の世界そのものの本性をもって智慧とするもの。②大《だい》円鏡智《えんきょうち》。東方阿閦如来の智慧。清らかな鏡に万象が映ずるように、一切万有をありのままに認識する智慧。③平等性智《びょうどうしょうち》。南方宝生如来の智慧。あらゆる存在を平等なるものと認識する智慧。④妙観察智《みょうかんざっち》。西方無量寿如来（阿弥陀如来）の智慧。あらゆる存在を差別あるものと認識する智慧。⑤成所作智《じょうそさち》。北方不空成就如来の智慧。生きとし生けるものにはたらきかけ、救済し教化する活動的な智慧。

これらは大日如来のさとりの智慧で、①の内容を開いたのが②〜⑤であるが、また五仏のそれぞれが五智を有するとみられる。さらには、それらは真言密教の修行者の目ざす智慧の本体でもある。

真言とは何か

名体不離の言葉

真言《しんごん》は、サンスクリット語のマントラ（mantra）の訳語である。わが国の真言宗の宗名は、これに由来し、また、真言陀羅尼《しんごんだらに》というように、密教における諸尊の咒句《しゅく》、咒《しゅ》すなわち一般的に「秘密のことば」を真言という。真言は比較的短いもの、陀羅尼は比較的長いものをいうという区別はあるものの、広義には密教に特有な秘密語と理解しておけばよいであろう。

呪文といえば、神秘的な文句で、呪術にともなうものであるところから、直ちに迷信的なものとして受け取られやすい。が、キリスト教、イスラーム教、仏教などの世界宗教をはじめ、いかなる宗教であれ、その宗教に固有の宗教語ともいうべき呪句、呪文をもたないものはない。帰依、祈願、信仰の告白と祈り、称名、懺悔、感謝、讃嘆など、そうした宗教的な心情や情操などの表出として、何らかの言語音をともなう語を用いるのは、ごく一般的な宗教現象であるという事実が、これらを解釈するあらゆる宗教理論に先行する。イスラーム教で全知全能のアッラーの神にささげるアッラー、キリスト教のアーメン、仏教やヒンドゥー教のオーム、ナモー（ナマス、南無《なむ》）、スヴァーハー（娑婆呵《そわか》）などは、一般によく知られているとおりである。

まず、口に呪文＝宗教語を唱えるということは、宗教学的にどのような意味があるか。言葉を口にすること、すなわち一定の意味をもった発音は言語音とよばれるが、言語音を記号化したものの多くは文字である。もちろん、文字以外の物で表現する場合もあるが、言語の伝達手段としては広義には文字とよんでよい。文字をもたない民族はあるが、当然のことながら、言葉をもたない民族はない。

思考、意識などが言語音として表出されるとき、当然のことながら、意味をともない、同時にそれは他の者への伝達機能をもつ。宗教的な境地や心情が表出される場合もまた、その言語音は宗教語としての特有の意味をもつ。

空海は言葉を字相と字義に分ける。字相は日常的な言葉、いいかえれば記号《サイン》的な言葉であって、固定的同一的である。字義は象徴《シンボル》的な言葉であって、内容の多義性、変動性が特徴的である。前者は顕教的言語であり、後者は密教的言語だということができよう。言語の象徴性については、ランガーやカッシーラーのすぐれた研究があるが、呪術的言語としての呪文であれ、普遍宗教における宗教語としての咒文であれ、それらはきわめて象徴的であって、名体不離の信仰すなわち名と実体との神秘的関係についての信念が共通項として認められる。

たとえば、空海は『般若心経秘鍵《はんにゃしんぎょうひけん》』で、次のように説く。

真言は不思議なり　観誦《かんじゅ》すれば無明《むみょう》を除く
一字に千理を含み　即身《そくしん》に法如《ほうにょ》を証す

ここにいう真言を観想し念誦すれば無明を除くというのも、名と本体（対象）との神秘的な不可分関係に対する確信にもとづくものである。また真言の一字に千理すなわち量り知れない多くの理法をふくむというのは、真言が象徴的な言語であることを示すものである。

祈りの言葉と呪文

祈りを宗教の本質的なものとする宗教学的立場がある。たとえば、サバティエは宗教を「道徳や美的情操などから区別するところのものは、祈りである」という。実際に、祈りは、人間と絶対者（広義の神）との内面的交通であり、換言すれば人間と神とのコミュニケーションである。祈りは、呪文・呪術と複合しているのがつねである。ハイラーは呪文が祈りのかたちに発展したか、あるいは祈りの様式のひとつが呪文であるかの相違はともかく、呪文と祈りが一体不離のものであることを指摘する。

祈りによって保持されるものは身振りや呪文としての言葉であることは、すでに素朴な原始的段階で形成され、普遍宗教のすべてに認められる。古代ヘブライ語でもサンスクリット語でも、神への呼びかけは「主よ」「父よ」などという呼格をとり、祈りはまず願望の表明であるが、さらに祈りが純化されると、感謝、帰依、懺悔、崇拝、讃嘆、確信などの宗教的心情、信仰を表出した特有の宗教語になる。

儀礼の場合、聖なる形式としての祈りは神への讃歌のかたちをとる。インドの『ヴェーダ聖典』などのマントラがそれで、ヴェーダの本文解釈の部分であるブラーフマナと対をなすものである。

インド神秘主義の場合、祈りは瞑想、禅定のかたちをとり、ヒンドゥー教、ヨーガ学派の最高神への帰投をあらわす聖音「オーム」が禅定の核心となる。祈りは神的な力との内面的交流、神との対話のすべてであるから、祈りの言葉は根源性と直接性をもった生きた宗教体験そのものであるといってよい。

こうした祈りの言葉は、本来は大自然の驚異とか生命の危険に直面した場合の叫びが原初的な形態であると思われる。それは生命の反応である点で、人間の全心情の能動的活動であり、人間生命の凝縮的表出の点で、極限性の言語であるといわなければならない。したがって、祈りは個と個以上の高次元的な力である絶対者との交わりの意識にもとづく。この意識は能動性と相互性とを特質とする。能動性はたとえばアウグスティヌスの「浄福なる生の希求」がそれであり、いわば一種の霊的エネルギーのはたらきである。相互性は密教における大日如来と自己（衆生）との相互交流であるところのいわゆる入我我入《にゅうががにゅう》において典型的にみられる。

個と絶対者の交流の沈静化は能動性から受動性にむかう。浄土教の他力本願、密教の如来加持力がそれである。

また、こうした能動性と受動性とはキリスト教神秘主義にも認められる。ハイラーのいう神との劇的交わりは密教でいう入我我入で、これは意識の集中による特殊な心的境地を目ざす。アヴェマリアの反復繰唱、密教における真言陀羅尼の念誦、ヒンドゥー教のラーマ・クリシュナ再唱、浄土教の念仏などなど、いずれも読誦、斉唱は反復しておこなわれる。なぜ広義の咒文が反復して唱えられるか。つまり、それが一回性のものでなく持続性が必要である主な理由は、次のように考えられる。

(1)　言葉の一定のリズムが生命のリズムに直結しているから、身振りや動作の繰り返しとともにおこなわれる。たとえば、踊り念仏がそれである。

(2)　散乱した意識を統一するという効果が経験上知られている。インドでは咒文としての陀羅尼（ダーラニー）を読誦することが本来、瞑想の手段としておこなわれたので、陀羅尼は保持（ダーラナー）と同義語として用いられたのが、その一例である。

(3)　咒文は神秘的、観想的祈りと瞑想の確認と深化とのために反復されなければならない。古来、真言陀羅尼を三返（反）、七返、二十一返、百八返、一千返唱えたり、専修念仏の弥陀の名号を念仏百万遍とか念仏二百遍唱えることによって無量の功徳が得られると信じられているのも、そのためである。

個の宗教的人格と他のもう一つの人格的精神ともいうべき絶対者との交流、融合、合一をはかる場合、個と絶対者との直接交通は対話であるから、そこで宗教語を媒介として個と絶対者が関わり合う。もちろん、個は個別的に無数に存在する不特定の人格であるから、仏教的に表現すれば、一切衆生である。一切衆生と絶対者との間の対話は、ある種の社会的関係を生ずる。つまり、その宗教語は一切衆生のあいだで約束性のものであって、信仰上、暗黙のうちに意味が了解されているものでなければならない。しかし、宗教的天才の祈りや瞑想は、宗教的体験において、より強く深まってゆく。そこには宗教語が日常的言語としての約束性とは異質な非日常化の言語現象、すなわち言語の象徴性が際立って顕著に認められる。

絶対者の名を声に出して唱えることは、称名または唱名などとよばれる。わが国における浄土教系宗派の南無阿弥陀仏の六字名号、日蓮宗の南無妙法蓮華経の唱題など、真言宗その他の真言陀羅尼の読誦は、広義の称名、唱名であり、宗教学的には言語儀礼のうちの口頭儀礼である。

このような広義の祈りの一種としての呪文は原始未開宗教から世界宗教に至るまでみられることは、すでにのべたとおりである。もちろん、呪文の基層には〈言語のもつ呪力〉の観念がある。いわゆる称名呪術である。未開原始社会の場合、呪文のすべては生活上の利害関係に関わるものであって、実利的功利的効果をねらうわけである。したがって、呪術《スペル》にともなう。

普遍宗教になると、直接生産に関係なく、内面的世界の領域に属し、したがって非功利的で純粋に宗教的な対象に関わるものとなるから、呪文の読誦目的は感謝、懺悔、称讃などのためであり、信仰の深まりとともに、それらはより純化されてゆく。なお、この場合の宗教的な対象というのは宗教的主体が絶対者と人格的に結びつき人格的呼応関係にあることを意味する。また、呪文の読誦が内面的世界の領域に属するというのは、たとえば密教における真言の読誦が「本性の真覚の自証にある」といわれるのが、それである。

要するに、言語のもつ呪力のはたらきによって実利的効果をねらうことより、さらに非功利的実践修行的なもの、もしくは宗教的人格の実現にむかうところに、呪文の機能が呪術的なものから宗教的なものに昇華されるといえよう。周知のように、釈尊は世俗的なあらゆる呪文、呪術を退けた。したがって初期仏教においては、呪文を用いることは全くなかった。

真言は大日如来の言葉

インドでは、すでにヴェーダ時代に神々に捧げる多くの讃歌（マントラ）があり、『アタルヴァ・ヴェーダ』ではマントラはいわゆる呪術的な呪文（マジナイ言葉）として用いられていた。ただし、毒蛇を防ぐために慈悲の念《おも》いを抱くことを説いた防蛇呪のような特殊な呪文は認められていた。やがて、さまざまな呪文を集めた「パリッタ」（防護蔵）が編集され、除災招福のための呪文を用いるようになってきた。部派仏教の時代になると、この傾向はいっそう顕著に認められ、たとえば法蔵部では伝統的な経・律・論の三蔵のほかに咒句、咒文を集成した明咒蔵を有するに至った。

南方仏教では今日でも「パリッタ」を読誦しているのは、かなり早い時期にすでに呪文が仏教教団に用いられていた証拠である。また、身口意の三業は古期ウパニシャッドの時代から仏教の興起の時代には広く一般におこなわれていた人間の行為の三分類型である。身業《しんごう》すなわち身体活動は仏を合掌礼拝する動作であり、また口業《くごう》すなわち言語活動は誦経、口称《くしょう》、さらに意《い》業《ごう》は仏を憶念することであるから、あとでのべる密教における身口意の三密《さんみつ》のプロトタイプは、すでに初期仏教に存したわけである。

大乗仏教の時代になると、たとえば初期の般若経典などでは禅定（宗教的瞑想）の手段として一定の呪句を用いたから、呪句そのものには意味のないものが多い。唯識派のヴァスヴァンドゥ（世親）は、無意味な呪句は空の哲理そのものを象徴しているとさえ説いている。

呪句が禅定における心の統一のために反復読誦されたことは、呪句のひとつである陀羅尼《ダーラニー》が本来、保持することを意味して、惣持などと漢訳するように、ヨーガ学派の心統一を表わすダーラナーという語としばしば混用されたことによってもうかがわれる。

般若、法華、華厳、涅槃などの主要な大乗経典のなかでは呪句が説かれている。それらは宗教的な目的をもつ点で、功利的な呪文とは全く異なる。たとえば『般若心経』の巻尾に、般若波羅蜜多呪が説かれている。「ガテー・ガテー・パーラガテー・パーラサンガテー・ボーディ・スヴァーハー」がそれで、これはさとりの智慧の究極に到達した状態をまとめた呪句である。

『大日経』『金剛頂経』に代表される密教は七世紀ころに大成した。それ以前に、もちろん四世紀ころから徐々にインド仏教史のなかで形成されてきたが、その多くはいわゆる除災招福の雑部密教であって、一口でいえば現世利益のみを目的とするマジナイ言葉としての呪句が用いられたのである。

しかし、純密（正純密教）における呪句は、もちろん現世利益を方便的に契機とするものもあるけれども、基本的には修行的な称名《しょうみょう》である。

密教では三業といわず、必ず三密《さんみつ》という。身密《しんみつ》・口密《くみつ》、意密《いみつ》で、身体の秘密のはたらきと言葉の秘密のはたらきと心の秘密のはたらきである。三密には絶対者である法身大日如来の三密とわれわれ衆生の三密とがある。われわれの身・口・意のはたらきも本質的には法身のそれと全く変りなく、この両者の三密を合一させるところに宗教的人格の実現すなわち即身成仏があるとする。したがって、口密は本尊（諸尊）の言葉すなわち真言である。純密以前の時代には、マントラを咒、咒禁、神咒などと訳したが、不空三蔵（七〇五〜七七四）以後、真言の訳語を用いるようになった。密教における真言は三密における口密として、特別な意味をもつ。およそ次の二つが考えられる。

(1)全人格的行為として他の身密と意密とともに連動する。

(2)神秘的合一（unio mystica）の重要な契機となる。

空海は『声字実相義《しょうじじつそうぎ》』のなかで真言について、「仏界の文字は真実なり」「（前略）故に竜樹《りゅうじゅ》

（ナーガールジュナ）は秘密語と名づく」といい、「名の根本は法身を根源となす。彼より流出《るしゅつ》してやうやく転じて世流布《るふ》の言となるのみ。もし実義を知るをばすなはち真言と名づけ、根源を知らざるをば妄語と名づく」と説く。

要するに、真言は真実の言葉であって、それは仏界の文字、法身大日如来の言葉であるというのが、密教の立場における確信である。したがって、それはありのままに本来存在するものであり、永遠なるものである。この点について、空海はまた、『十住心論』巻第十で『大日経』を引用している。すなわち、

「この真言の相は（中略）もろもろの如来出現し、もしくはもろもろの如来出でたまはざれども、諸法法爾《ほうに》としてかくのごとく住す。いはく、もろもろの真言は法爾《ほうに》の故に」。

「この真言の相は声字みな常なり。常なるが故に流せず、変易《へんにゃく》あることなし」。

同じく真言といっても応化身《おうけしん》すなわち仏が衆生を救済するために示現するさまざまの仏身をとって説くところの真言と、究極的存在である法身大日如来によって説かれるところの大真言とがある。前者は顕教の真言、後者は密教の真言ということになる。

密教における真言はあらゆる諸尊が法身の顕現であるという立て前からして、諸尊の説く教え、すなわち言葉は、ことごとく法身の永遠なる真理の言葉、真実語にほかならない。

（密教では、真言の場合は咒、呪術的現世利益的なマジナイ言葉の場合は呪を用い、厳密には区別することを断わっておきたい。）

虚空蔵菩薩とは

語義・経典

虚空蔵《こくうぞう》菩薩は虚空孕《よう》菩薩（隋闍那《じゃな》崛多《くった》訳）ともいうが、訳語の違いで、原語はいちようにアーカーシャ・ガルバ（Ākāśa-garbha）である。

ガルバは母胎を意味するので、直訳して孕《よう》の字を用いたようである。チベット語訳（ナムカイニンポ）は、虚空の蔵（胎蔵、胎）を意味する。「虚空のような蔵をもつもの」あるいは「虚空を蔵とするもの」というのが、もとの語義である。この場合の虚空は無限を比喩契機とするが、これにさまざまな教学的解釈が加わり、広大無限な智慧または広大無限な福徳が含意される。したがって、虚空と同じように無限の智慧または福徳をそのなかにおさめているものと解される。そのような智慧や福徳を生み出す菩薩であると説かれる点からすれば、ガルバは蔵よりも孕のほうが原義に近いものがあるといわなければならない。

インドにおける虚空蔵菩薩の起源はまだあまり明らかにされていないように思われるけれど、この菩薩に関する漢訳諸経典の訳出年代から推定して、遅くもグプタ朝の四世紀末ころには、すでにこの菩薩の経典は成立していたとみてよいであろう。

虚空蔵菩薩に関する経典を、いちおう虚空蔵経典とよぶことにしたい。現在、虚空蔵経典は経典史的研究がまだほとんど進んでいないので、詳細な内容紹介は他日を期したいが、主要な経典に、次のものがある。

㈠姚秦　仏陀耶舎訳『虚空蔵菩薩経』一巻（大正、第十三巻 No. 405）

㈡失訳　『仏説虚空蔵菩薩神呪経』一巻（大正、第十三巻 No. 406）

㈢劉宋　曇摩蜜多訳『虚空蔵菩薩神呪経』一巻（大正、第十三巻 No. 407）

㈣劉宋　曇摩蜜多訳『観虚空蔵菩薩経』一巻（大正、第十三巻 No. 409）

㈤隋　闍那崛多訳『虚空孕菩薩経』二巻（大正、第十三巻 No. 408）

㈥隋　闍那崛多訳『如来方便善巧呪経』一巻（大正、第二十一巻 No. 1334）

㈦北涼　曇無《どんむ》讖《せん》訳『大方等大集経』第十四―第十八虚空蔵品（大正、第十三巻 No. 397）聖堅の訳出で、曇無讖に仮託したものとみられる。

㈧唐　善無畏訳『虚空蔵菩薩能満諸願最勝心陀羅尼求聞持法』一巻（大正、第二十巻 No. 1145）いわゆる求聞持法のテキストで、空海の『真言宗所学経律論目録（＝三学録）』には『金剛頂瑜伽虚空蔵菩薩求聞持法経』一巻として金剛頂宗経の経典の一つとして挙げる。

㈨唐　金剛智訳『五大虚空蔵菩薩速疾大神験秘密式経』一巻（大正、第二十巻 No. 1149）

㈩唐　不空訳『大虚空蔵菩薩念誦法』一巻（大正、第二十巻 No. 1146）空海『請来目録』に「一巻五紙」と記載し『三学録』にもみえる。

㈪唐　不空訳『大集大虚空蔵菩薩所問経』八巻（大正、第十三巻 No. 404）原本は㈦の別本であると思われる。空海『請来目録』には『大虚空蔵菩薩所問経』八巻一百七紙とある。

㈫失訳『虚空蔵菩薩問七仏陀羅尼呪経』一巻（大正、第二十一巻 No. 561）

㈬宋　法天訳『聖虚空蔵菩薩陀羅尼経』一巻（大正、第二十一巻 No. 1147）

㈭宋　法賢訳『虚空蔵菩薩陀羅尼』一巻（大正、第二十巻 No. 1148）

チベット語訳に三本ある。『虚空蔵と名づける大乗経』（東北目録 No. 260）は前掲㈤に相当し、㈠㈡㈢は異本であろう。また『聖七仏と名づける大乗経』（東北目録 No. 270＝No. 852）は㈬に相当し、類本に㈥㈫がある。さらに、同名の『聖七仏と名づける大乗経』（東北目録 No. 512）は㈫に相当し、㈥㈬が類本である。

虚空蔵経典は㈠『虚空蔵菩薩経』以来、いずれの経典にもこの菩薩の陀羅尼が説かれ、しかも各経典によって陀羅尼を異にするが、当初から密教的色彩が認められる。そして、唐の善無畏、金剛智、不空の訳本になると、いっそう密教経典としての体裁を整え、㈬㈭の宋訳に移行する。

(七)『大方等大集経《だいほうとうだいじっきょう》』虚空蔵品は実際には『大普集経』であったと推察されるが、虚空蔵菩薩にまつわる説話、信仰形態がきわめて複合的であって、この菩薩に関するさまざまな伝承形態が集成されたもののようである。(七)の類本には唐不空訳の(十)がある。

智慧と福徳の菩薩

右の虚空蔵経典を通じて認められる虚空蔵菩薩の特質は、智慧を授け福徳を増進して、災厄を滅除するはたらきをもつことである。たとえば、密教の修法である虚空蔵法は不空訳『大虚空蔵菩薩念誦法』にもとづき、福徳と智慧と音声とを得るために修する。また虚空蔵求聞持法は、虚空蔵菩薩の真言百万遍を百日間にわたって誦えることによって効験が得られるとされるもので、一種の記憶力増進法である。空海の『三教指帰』の序に、十八歳で大学に入学して以来、二十四歳までの間に、この求聞持法の修行をしたことが書かれている。

「ここにひとりの修行僧がいて、私に『虚空蔵求聞持の法』を教えてくれた。この法を説いた経典によれば『もし人が、この経典の教えるとおりに虚空蔵菩薩の真言を百万回となえたならば、ただちにすべての経典の文句を暗記し、意味内容を理解することができる』という。

そこで、この仏の真実の言葉を信じて、たゆまない修行精進の成果を期し、阿波《あわ》の国の大《たい》滝《りよう》の嶽《たけ》によじ登り、土佐《とさ》の国の室戸崎《むろとざき》で一心不乱に修行した。谷はこだまを返し（修行の結果が現われ)、(虚空蔵菩薩の化身である)明星が姿を現わした」(『弘法大師空海全集』第六巻、五〜六頁)。

求聞持法を修行することによってすべての経典の文句を暗記し、意味内容を理解することができる、とあるのは、やはり虚空蔵菩薩が智慧の菩薩であるからであろう。

奈良時代の善議は入唐して善無畏に師事し、求聞持法を学び、帰国後、これを勤操《ごんぞう》に伝えた。空海に求聞持法を授けたひとりの修行僧は名が伝えられないが、伝承では勤操だという。いずれにしても、平安初期に吉野山の比蘇山寺は求聞持法を修行する仏者たちの聖地であり、自然智宗がおこなわれていた。これが山岳修行のかたちをとり、修験道の形成に与《あずか》って大きな力となったと思われる。

五大虚空蔵菩薩(後述)の修法に金門鳥敏法《きんもんちょうびんほう》がある。これは辛酉《かのととり》の年に、災厄滅除とくに富貴成就、天変地異の消滅のためにおこなわれる。

虚空蔵菩薩の頂上には如意宝珠があるか、または如意宝珠を手にするのが、一般的な像容である。如意宝珠はチンターマニで、意のままに所願を成就せしめる宝珠である。したがって、これは福徳の増進、富貴の達成などを象徴しているといえる。

また明星天子が虚空蔵菩薩の化身とされ、明星信仰が結びつく。さきの『三教指帰』で『明星が姿を現わした」(原文では「明星、来影す」とあり、求聞持法の効験があったことを示す)というのは、その一例である。虚空蔵の明星信仰はわが国ではのちに民俗信仰化する。

曼荼羅における地位

中国経由でわが国に伝来した金剛界曼荼羅と胎蔵曼荼羅の、いわゆる両部の曼荼羅の諸尊を照合すると、両部に通じて認められる尊格はさほど多くない。そして、そのうちのひとつが虚空蔵菩薩である。両部が各々全く異なった時代に別の地域で成立したか、あるいは年代的地域的に同じか、または内容的に関連があって成立したものかはともあれ、両部に共通する尊格は起源的にみても比較的古く、またインドの各地に普遍的にひろがっていた存在であるとみなければならない。その点、虚空蔵菩薩は起源も古く、両部の曼荼羅のみならず、八大菩薩のうちにも数えられ、その他多くの密教経典に散見されるのは注意してよいであろう。

まず曼荼羅における地位をみてみよう。

胎蔵曼荼羅では虚空蔵院の主尊である。その像容は、身色が肉色で五仏冠をいただき、右手に剣、左手は腰にあてて拳に蓮を持っている。蓮の上に宝を置き、宝蓮華座に坐す。蓮上の宝は福徳、剣は智慧を象徴する。福智二《に》聚《しゅ》（二種）は、大乗仏教で一般に説いているものである。ことに福智資糧として六波羅蜜（布施《ほどこし》・持戒《いましめ》・忍辱《たえしのび》・精進《はげみ》・禅定《しずまり》・智慧《さとり》）のうちの智慧波羅蜜は智資糧で、布施波羅蜜から禅定波羅蜜までは福資糧であって、初期の虚空蔵経典で六波羅蜜が説かれるのは、密教における宝（如意宝珠）と剣という造型の背景には大乗の福智資糧が思想的背景にあることを思わせる。

密教における虚空蔵の秘密の名称〔密号〕が如意《によい》金剛であるのも、如意が福資糧を表わす如意宝珠であり、金剛が智資糧を表わすのであって、福智二聚をもって名号とすることが理解されよう。その種子は伊《い》（梵字の𑖂 i）字で、根は認得することができない〔根不可得〕意味だとする。すなわち、もろもろの存在するところのものの根源、あらゆる存在するもの、すなわち現象界のすべてを生ずるものの意味が根にはあると説かれる。根はサンスクリット語でインドリヤ（indriya）というから、その頭文字をとって種子としたものである（種子は梵字の一字をもってその尊格を表徴するもの。種子字ともいうので、これを略して種字ともいう）。根という観念は、ガルバ（garbha 母胎）と連合する。

虚空蔵菩薩の真言陀羅尼は数多くあるが、通常は、のうぼう／あきゃしゃぎゃらばや／おん／ありきゃ／まり／ぼり／そわか（namo ākāśagarbhāya oṃ arikaḥ mari muri svāhā）が用いられ、不空訳の前出㈩『大虚空蔵菩薩念誦法』（大正、第二十巻、六〇四頁上）にみえる。また、胎蔵曼荼羅では釈迦院の主尊釈迦如来の右方に脇侍として虚空蔵菩薩が配される。次に、金剛界曼荼羅（九会曼荼羅）のうちの根本会に賢劫一千仏をつらねるが、その上首は賢劫十六尊であって、十六尊中の第七番目に虚空蔵菩薩が位置する。賢劫十六尊は梁の曼陀羅山訳『宝雲経』に十六賢士としてみえるから、六世紀前半ころにはすでに独立した尊格群として成立していたものとみてよい。

一九二六年十二月二十六日に焼失する以前の高野山金剛峯寺金堂に安置されていた中尊他六

体の仏体のうちに虚空蔵菩薩があった。おそらく、密教経典にもとづいて空海が制作したわが国最初の虚空蔵菩薩であったと思われる。

以上の虚空蔵菩薩についての所見をもう少しまとめてみたい。

初期の虚空蔵経典によれば、この菩薩ははるかなる仏国土（天空のかなた）から娑婆《しゃば》国土すなわちこのわれわれの世界に来たって人びとのために福徳を与え、諸願を満足させる。仏国土の方位とか、いかなる仏かについては、経典によって説くところがまちまちであって、一定していない。また頂上に如意宝珠をいただくか、如意宝珠を手にする点は諸経典に共通してみられ、それは福徳を象徴するものであって、密教経典に至るまで一貫して認められるところである。

『大日経疏』巻第十一悉地出現品に虚空等力虚空蔵転明妃の説明があり、そこに虚空蔵の意味が示されているのが参考になる。すなわち虚空は破壊されないものの意、蔵は大宝蔵で、願うものを自由自在に取り出してこれを施与するという。同様に如来の虚空もまた人びとを利益するために量り知れない真理の宝（法宝）を自由自在に取り出して与えて尽きることがないのである、と。真理の宝というのは、福智二聚のことである。

一方また、この菩薩は明星天子や雨宝童子を化身とし、明星信仰や水信仰という民俗と結びつくのは、本来、虚空すなわち天空を尊格とする菩薩という性格に由来すると思われる。

インド最古の聖典『リグ・ヴェーダ』にみえる最高神格の一つのヴァルナは天空神であった

が、のちに一転して夜空の神となり、さらに水神となって仏教のなかに摂取された（嚩《ば》嚕《ろ》拏《だ》竜《りゅう》王《おう》）。虚空蔵の尊格内容がこのヴァルナ神の神格の変容過程と酷似しているのは注目してよい。

日本での虚空蔵信仰

次に、わが国で虚空蔵菩薩がどのように民俗信仰の対象となったかについてうかがってみたい。その場合、便宜上、この菩薩の経典所見の教理にもとづくものを一次民俗信仰、派生的な信仰形態を二次民俗信仰として、ここでは主に一次民俗信仰についてあらましをのべることにする。

修験道の聖地が虚空蔵信仰を中心とするところは少なくない。智徳を開山とする能登の石動《いするぎ》山、白山の別山《べつざん》、飯豊《いいで》山などはいずれも本地が虚空蔵である。

十三まいりは厄落しの民俗行事であるが、智慧授け、開運を願うのは、本来この菩薩が福智二聚の尊格であるからであろう。また、この菩薩に祈願すれば記憶力が増進し諸願を満足させることが、すでに仏陀耶舎訳の前掲㈠『虚空蔵菩薩経』に説かれているのによると思われる。

虚空蔵を水神として祀り、作神とするのは、虚空→天空＝雨＝水の観念連合によるものであり、また「如意宝珠から種々の宝を雨ふらす」という経説があるからであろう。

この菩薩の乗物または使者はウナギであるとして、さらには菩薩が食べるものはウナギだということで、ウナギを食べないというタブー（ウナギ禁忌）は二次民俗信仰である。ウナギの絵馬を奉納する地方もある。これとは別にウナギを水神とし、水神の使者とする民俗信仰があり、洪水の権化ともみられるが、これも天空＝水の観念連合によって、虚空蔵がウナギ禁忌と結びついたと思われる。この菩薩に洪水の防止を祈るのも二次民俗信仰である。

この菩薩は星とくに明星と結びつく。空海が「明星来影す」と求聞持法の効験について述懐していることはすでに指摘したところであるが、星神社、明星岩、明星水などはいずれも虚空蔵信仰の変容である。とくに注目すべきは、鉱山の所在地にはよく虚空蔵を祀ってあることである。これも、この菩薩が如意宝珠より種々の宝を雨ふらすはたらきをもつからであり、密教の原始科学の起源と関係があるかもしれない。

わが国の十三仏信仰の成立はまだあまり明らかにされていないが、室町時代ころにはすでにかなり普及していて、虚空蔵菩薩が最後の第十三に位置し、三十三回忌の年回に祀られるようになる。これは十三まいり——たとえば京都嵯峨法輪寺など——の民俗行事では男女とも十三歳の子が旧三月十三日に厄落しをする。これは十三仏の場合と同じように、虚空蔵が三の数字（十三の数字）と関連があるが、そのいわれについては筆者は不明である。これも二次民俗信仰である。

十二支の丑寅《うしとら》年の生まれのひとの守り本尊は、虚空蔵である。福徳増進のため、牛や虎の絵馬が奉納される。これも二次民俗信仰である。

最後になったが、密教には五大虚空蔵がある。虚空蔵菩薩の有する五智を五つの尊格としたもので、福智の成就を施すとされる。名称は一定しないが、法界（中）・金剛（東）・宝光（南）・蓮華（西）・業用《ごうゆう》（北）の各虚空蔵（『瑜祇《ゆぎ》経』の所説）、または解脱（中）・福智（東）・能満（南）・施願（西）・無垢（北）の各虚空蔵（前掲、金剛智訳㈨『五大虚空蔵菩薩速疾大神験秘密式経』の所説）が一般的な呼称である。神護寺、東寺観智院の五大虚空蔵菩薩などが美術的造型の点で優れたものとして知られる。

密教の基本への手引き

即身成仏とは何か

空海密教の実践体系は、まさしく即身成仏にある。即身成仏とは何か。

入唐帰朝直後、大同元年（八〇六）十月二十二日付で、空海は『請来目録《しょうらいもくろく》』を判官高階真人《たかしなのまひと》遠成《とおなり》に託して、献上した。その目録に添えられた「新請来の経等の目録をたてまつる表」に、次のようにある。

「幸《さいわい》に国家の大造、大師の慈悲によつて、両部の大法を学び、諸尊の瑜伽《ゆが》を習ふ。この法はすなはち諸仏の肝心、成仏の径路なり」。

これによって、空海の伝えた金剛頂経系と大日経系の両部の大法が、まさに諸仏の肝心、成仏の径路であることが明確にのべられている。

そして、『請来目録』の巻末で、「早く郷国に帰つてもつて国家に奉り、天下に流布して蒼生《そうせい》

（＝人びと）の福を増せ。しかれば、すなはち四海泰《やす》く、万人楽しまん」という恵果の遺言を伝え、ついで、西北インドのカシュミール出身の般若三蔵が空海に告げた「伏して願はくは、縁をかの国に結んで元々《げんげん》（＝人びと）を抜済《ばっさい》せんことを」という言葉を記している。

空海が師事した恵果阿闍梨と般若三蔵とは期せずして、密教があらゆる人びとのためのものであることを説いている。そこで、空海はこれらの文言のあとで、顕教と密教との違いを明らかにする。すなわち仏教はひろくして限りないものであるが、一言でいえば自利と利他とである。福徳と智慧とをかね修め、禅定と智慧とをならび実践して、他の者たちの苦を救い、自らの楽を取るべきである。その際、禅定をおさめるのに遅速がある。顕教はこの世界のすべてが心の現われであるという理法を観想するのに対し、密教は身密・口密・意密の三密を実践する。顕教はさとりを得るのに無限の時間をかけるのに対し、密教はまさに「頓《とん》が中の頓は密蔵これに当れり」というように、直ちにさとりが得られるのである、と。

これは成仏の遅速をめぐって顕教と密教とを区別したものである。要するに『請来目録』にすでに、即身成仏の実現をめざす実践体系が密教であることを明確にのべていることが知られる。

即身成仏について、空海は『即身成仏義』一巻を著している。そのなかに即身成仏頌《じゅ》がある。二頌よりなり、前半頌は即身の二字をたたえ、後半頌は成仏の二字をたたえたものであると、空海はいっている。前半頌における六大・四曼・三密については、他の所で説いたので、重複をさけて省略する。

『即身成仏義』では初めに二経一論にもとづく即身成仏の八つの証拠となる文言を引用する。そのうち、竜猛《りゅうみょう》の『菩提心論《ぼだいしんろん》』に「真言法のうちにのみ即身成仏するが故に」とあるように「即身成仏」の語はこれにもとづくものであると思われる。（他には不空訳『宝悉地成仏陀羅尼経』『如意宝珠転輪秘密現身成仏金輪呪王経』などに「即身成仏」の語がしばしば用いられている。これはいずれも『請来目録』には不載である。）

さらに、『菩提心論』の「もし人、仏慧を求めて菩提心に通達《つうだつ》すれば、父母所生《ぶもしょしょう》の身に、速かに大覚の位を証す」の引用文をもって証文をむすんでいる。

即身成仏の即身は密教の世界像に基礎づけられている。地・水・火・風・空・識の六大よりなる宇宙本体、全体としての大曼荼羅、個としての象徴体系である三昧耶《さんまや》曼荼羅、現象即言語ともいうべき言語体系としての法曼荼羅、質料および活動体系としての羯磨《かつま》曼荼羅、の四種曼荼羅の特相、身密・口密・意密の三密の活動作用、それらはそれぞれに、もしくは相互的に密接不可分の関係にある。本体と特相とのそうした関係性が即身の即といわれ、三密の活動作用が相応することによって、この身のまま速かに法・報・応の三身仏を実現し、証得するのが、即身の意味するところだとする。つまり、即身とは「ただちに、すみやかに、この身のまま」を意味する。

即身の身というのは、我身・仏身・衆生身である。また、自性《じしょう》・受用《じゅゆう》・変化《へんげ》・等流《とうる》の四種法身の身、仏の三種身である字・印・形《ぎょう》［像］をも身という。

「かくのごとき等の身は、縦横重々にして鏡中の影像と燈光との渉入《しょうにゅう》するがごとし。かの身すなはちこれこの身、この身すなはちこれかの身、仏身すなはちこれ衆生身、衆生身すなはちこれ仏身なり。不同にして同なり、不異にして異なり」

とあるように、即身の身が仏身と衆生身（我身をふくむ）との関係において捉えられていることが認められよう。

即身成仏の実現は、これを一言でいえば三密の実践にあるといえる。前述のとおり、三密には法身の三密と衆生の三密とがあり、これが相応して、法身と衆生との相関関係における加持《かじ》がある。これを三密加持という。

「もし真言行人《しんごんぎょうにん》あって、この義を観察《かんざつ》して、手に印契《いんげい》をなし、口に真言を誦《じゅ》し、心、三摩地《さんまじ》に住すれば、三密相応して加持するが故に、早く大悉地《だいしつじ》を得」

とあるように、手に仏の印を結び、口に仏の言葉である真言を唱え、心を仏の境地である瞑想の世界に住するとき、三密加持して即身成仏が実現される、というのである。こうした三密は有相《うそう》の三密といわれ、日常的な実践行としての三密は無相の三密という。

即身成仏頌の後半頌は成仏を説き明かしたものである。成仏は「仏に成る」というのではなく、現等覚すなわち、あるがままに見る完全なさとりそのものを意味することを断わっておきたい。

十住心と六大

われわれの心の世界は限りなく展開し発展してゆく可能性をもつ。それをかりに十段階に分けたのが十住心である。

十住心の体系は、空海の『秘密曼荼羅《ひみつまんだら》十住心論』（略称『十住心論』）十巻と『秘蔵宝鑰《ひぞうほうやく》』三巻とで、これを説いている。前著は広論、後著は略論とよばれるように、広略の関係にあるところの双璧の主著である。

十住心の体系は密教の実践体系そのものであり、心の世界の発達を解明している点で、精神史を形成している。と同時に、その内容は歴史的にみた思想の展開が看取される。低次元の思想より高次元の思想へと。その点、わが国では他に類書をみない壮大な思想の構図が描かれている。

各住心については、『秘蔵宝鑰』の序論に韻文でまとめがある（前掲一九六〜一九八頁参照）。

この十住心体系には、その当時の世界思想史が織りこまれている。第一住心は動物精神の段階で、まだ人間としての自覚に到達する以前の世界である。第二住心は儒教思想、仏教の戒律思想が説かれ、第三住心は老荘思想、バラモン教の生天思想、インドのヴァイシェーシカ哲学説やサーンキヤ哲学説などが紹介される。第四住心は声聞乗、第五住心は縁覚乗で、これらは初期仏教ないしアビダルマ（＝部派）仏教に相当する。これらの小乗に対して、第六住心以上は大乗である。第六住心は法相宗、インドの中観派、第七住心は三論宗、インドの唯識派に相当する。つまり第六、第七はインド大乗仏教の二大学派をふくむ。第八住心は天台宗、第九住心は華厳宗であるから、これらは中国仏教を代表する二大宗派である。第十住心は中国およびわが国に伝来した最新の大乗仏教すなわち密教である。

第一より第九までは顕教、第十は密教であるが、両者を区別するのが『秘蔵宝鑰』であり、顕教をすべて密教の顕現とみるのが『十住心論』の立場である。

六大の大は大種の略で、地・水・火・風・空・識はいずれも宇宙に大きく広くひろがっているので、粗大なる原質（大種）とよばれる。

六大はいくつかの象徴的な表現をもってあらわされる。

また六大は生ずるところのもの（＝能生）と、生ぜられるところのもの（＝所生）とがある。「六大よく一切を生ずることを表《あらわ》す」（『即身成仏義』）と説かれるように、宇宙万有は六大より生じたもの、すなわち六大より成るものであるから、生ずるところの六大と生ぜられるところのものとはもとより一者である。生ぜられるところのものとは、絶対者である四種の法身（自性法身・受用法身・変化法身・等流法身）・衆生世間と器世間と智正覚世間の三種世間である。（衆生世間は生けるものの世界、器世間は生けるものの住するところで自然界、智正覚世間はさとりの世界。）

要するに、いかなるものといえども六大以外のものではあり得ない。したがって、六大を法界体性であるとする。法界体性とは全宇宙の究極的実在を意味する。

さらに『即身成仏義』によると、顕教では地・水・火・風の四大もしくは地・水・火・風・空は物質存在であるとするのに対して、密教は絶対者である如来を象徴するもの（三昧耶身）であるとする。地などがたんなる物質存在でないという論拠は、地などの物質は識大とよばれる精神を離れてはあり得ず、物質と精神とは異なってはいるが、その本性は同じである。物質はそのまま精神であり、精神はそのまま物質であって、さわりなく、さまたげなきものである。また、一切を生ずるところのものである六大と生ぜられるところの一切という区別の名称もみなこれは秘密の称号である。

このようにして、六大を全宇宙の究極的実在として、それより成るところすべてのものは永遠不変であって、実在の極限である。

絶対者である法身が永遠に真理を説いているという、いわゆる法身説法が密教の法身説を特徴づけている。空海の『声字実相義』は法身説法を理論的に論証するための目的をもって書かれたものである。そのなかに、次の頌がある。

五大にみな響《ひびき》あり　十界に言語《ごんご》を具す
六塵ことごとく文字なり　法身はこれ実相なり

さきにみたように顕教の五大は物質存在にすぎないが、密教の五大とはア・ヴァ・ラ・ハ・カ（a, va, ra, ha, kha）の五字で象徴し、大日・阿閦《あしゅく》・宝生《ほうしょう》・弥陀《みだ》・不空成就《ふくうじょうじゅ》の五仏、曼荼羅の諸尊である。そして、一切の音響は五大を離れることなく、五大は声の本体であり、音響は作用である。「五大にみな響あり」というのは、だから一切の存在するところのものにはすべて言葉があることを意味する。だから、十界すなわち一切仏界・一切菩薩界・一切縁覚界・一切声聞界・一切天界・一切人界・一切阿修羅界・一切傍生（＝畜生）界・一切餓鬼界・一切捺《な》落迦《らか》（＝地獄）界の十界にもそれぞれの言語がある。

また、言語の根源は絶対者たる法身であり、それより世間に流布している一切の言語となる。六塵は色・声・香・味・触・法（＝思考の対象）で、これらもすべて文字である。法身は真実のありのままのすがたであるということ、すなわち永遠に真理を説きつづけているものを意味する。

以上は『即身成仏義』『声字実相義』によって、その趣旨とするところを紹介してみたわけである。

要するに、五大もしくは六大は顕教では物質存在とか精神として個別的に説かれているにすぎないが、密教はそれらよりなるところのものに宗教的人格体を認め、この宇宙法界をことごとく言語表現として、あらゆる意味の世界を見出しているところに特色がある。

四曼と三密

四曼《しまん》というのは、四種曼荼羅の略称。空海は『即身成仏義』で、『大日経』巻六、本尊三昧品の「一切如来に秘密身あり。いはく、字・印・形像《ぎようぞう》なり」という文言を引用し、字とは法曼荼羅、印とは種々の標幟《ひようじ》（＝象徴）で三昧耶曼荼羅、形（像《ぎよう》）とは相好具足《そうごうぐそく》の身で、大曼荼羅のことであり、この三種の身はそれぞれ威儀事業《いぎじごう》をそなえているので、これを羯磨《かつま》曼荼羅というと注解している。

さらに、『金剛頂経』（『般若理趣釈』『十八会指帰《じゆうはつてしいき》』『都部陀羅尼目《とぶだらにもく》』）によって四種曼荼羅を説明する。大曼荼羅は一々の仏菩薩の相好の身で、そうした形像を綵画《さいが》したもの、また五相成身観（①通達菩提心　②修菩提心　③成金剛心　④証金剛身　⑤仏身円満）の瞑想で、これを大智印と名づける。三昧耶曼荼羅は、仏菩薩などの所持する標幟、刀剣、輪宝、金剛杵、蓮華などの類、またそれらを描いたもの、さらに手指を組み合わせた印契である。これを三昧耶智印と名づける。法曼荼羅は本尊の種子・真言であり、またその種子の字をそれぞれの本位に書いたもの、その他、本尊の瞑想やすべての経典の文字意味など。これは法智印と名づける。羯磨曼荼羅とは仏菩薩などの種々の威儀事業、あるいは鋳造、捏《ねつ》造など。これを羯磨智印と名づける。

これらの四種曼荼羅はそれぞれ不離の関係にあって、宇宙空間と光とがさまたげることなく融《と》け合っているのにたとえられる。

空海が四種曼荼羅を解説するのに『大日経』と『金剛頂経』を援用しているのは、もとより空海密教が金胎《こんたい》の両部にもとづいていることを明示したものである。

大曼荼羅は形態あるすべてのもの、宇宙の全体像であり、造型化されたもの、たとえば仏菩薩や曼荼羅に描かれた形像。

三昧耶曼荼羅の三昧耶は全体を表示する部分、個別相で、象徴体系。造型化された仏菩薩などの所持するもの、あるいは器物など。

法曼荼羅の法は本来、存在するものを意味するが、密教の立場では存在するものはそのまま言語表現であるとするから、あらゆる言語文字の世界は法曼荼羅であり、仏菩薩などの種子・真言、一切の経典などが、これに相当する。

羯磨曼荼羅の羯磨は活動、作用を意味する。この一切を活動し作用しているものとして捉えることができるが、宗教的人格体として表現された仏菩薩などの動作やさまざまなはたらき、すなわち威儀事業が、これである。また仏像を制作する場合の素材、すべての質料をも羯磨曼荼羅という。

大曼荼羅を宇宙の全体像とすれば、他の三種の曼荼羅はその全体像の特殊相とみることができる。その際、羯磨曼荼羅は身密、法曼荼羅は口密、三昧耶曼荼羅は意密に配当することが可能であるとされる（金岡秀友博士『密教の哲学』九五頁）。

古期ウパニシャッドや初期仏教以来、人間の全行為を身《しん》・口《く》・意《い》の三業《さんごう》に分類して説いている。身業は身体のはたらき、行動であり、口業は言語活動、意義は精神活動である。しかるに、密教では三業といわずに、必ず三密という。身密は身体の秘密、口密（語密とも）は言葉の秘密、意密は心意の秘密である。三密には絶対者である法身の三密とわれわれ衆生の三密とがある。法身の三密はわれわれ衆生には容易にうかがい得ない。また衆生の三密はわれわれがみずから秘しているもの、すなわち法身の三密と本質的に全く同じであるにもかかわらず、いまだ自覚していないので衆生自秘といっている。

本尊（法身）のとおりに真言の実践者が手に印契を結び、口に真言を唱え、本尊と同じ瞑想の境地に住することによって、本尊の三密とみずからの三密とが相応して、本尊の加持がはたらく。

空海は、「加持とは、如来の大悲と衆生の信心とを表す。仏日の影、衆生の心水に現ずるを加といい、行者の心水よく仏日を感ずるを持と名づく」（『即身成仏義』）という。これは、もっとも端的に加持の本義を明らかにしている。如来すなわち絶対者である法身の加持力がわれわれ衆生に加わるのであるが、その場合、われわれが加持力をどのように受けとめるか。この問いに対して、空海は加持を加と持に分けて明快に説いている。これは加持を意味するサンスクリットのアディシュターナ（adhiṣṭhāna）をアディ（adhi）とスターナ（sthāna）とに語分解して得られる語義でもある。

即身成仏を三密成仏というのは、右のように三密の実践による成仏の実現をめざすという、具体的な実践体系にもとづく名称であることはいうまでもない。

印契・真言・三摩地（瞑想）という相《かたち》をとった三密はいわゆる有相の三密で、かつて如来がなしたもうたとおりに実践する、それはいわば永遠回帰である。これに対して、日常の生活における起居動作が身密、一切の言葉、言語活動が口密、一切の精神活動が意密となるとき、これは三密の生活化であって、無相の三密である。現実における密教の実践行という視点からすれば、有相より無相へというのが合言葉とならざるを得ない。

阿字観へのいざない

三密成仏をめざす

信州の冬はきびしい。ことに早朝は氷点下十七度にもなる。薄暗い道場に端坐しておこなう阿字観行は、吐き出す息も凍ってしまいそうである。法界定印を結ぶ手の感覚は全くない。前夜からしんしんと降りつづいた雪の夜明けは静寂さながらの法界を現出する。

早春。畳にこぼれる朝の陽《ひ》のひかりに日毎にかすかなぬくもりを感ずる喜び。小鳥のさえずりにも心なしか明るさが加わってくる。

四月に入っても肌寒い日がつづく。辛夷《こぶし》の大樹が花をつけて、沈丁花がつつましく匂う。

舞ひ落つる夜の花びらひそやかに地に留まりて六つになる揺《よ》る

透明の春のいのちは法界にいたらむものか沈丁の闇

寂静の朝は花冷えまさりつつ辛夷《こぶし》は白く高くこそ咲け

下旬には桜も梅も桃も、いっせいに咲きはじめる。春は馳け足で去る。そして入梅の季節に入る。梅雨《つゆ》の頃は、ひとしお人の心を常寂光土へさそう。そして……みじかい山国の夏を迎える。凋落の秋は八月にしのびよる。

同心同行の人たちと来る日も来る日も坐りつづける。怱々《そうそう》と、しかも静かな月日が流れてゆく。これがわたくしたち阿字観行のグループの毎日である。

弘法大師は「三時に上堂して本尊の三昧を観じ、五相入観して早く大悉地を証すべし」と説示している。真言密教は別称、瑜伽《ゆが》宗ともいうのは三密瑜伽の観行をもって生命とするからである。瑜伽＝禅を離れて仏教はあり得ない。即身成仏の本旨は三密成仏にある。しかし、密教の実践実修は一般人士の容易に近づきがたいものになっている。誰でもに三密成仏が実現できるものでなければ、空海上人の三摩耶戒をまつまでもなく、密教は万人のものにはならないであろう。

それならば、道俗を問わずに三密成仏をめざすにはどのような方法があるだろうか。阿字観法が、これである。

密教の実践体系はまことに複雑であるが、組織的、総合的である点に特色がある。そして、阿字観法のような実修もある。

先年、日本文化国際会議で来日したブラジルのサンパウロ大学リカルド・マリオ・ゴンサルヴェス博士は、筆者に従って密教の作法で出家した人である。リカルド師はこういった。

『ただ信ぜよ』とか『ただ坐れ』というのでは意味がない。行動的なブラジル人にとっては密教の修法、護摩、観行が仏教のなかでもっとも力になる」と。信仰は頭の中で理解して得られるものでなく体を通して学び取るものだというのが、師の確信である。そこで、師は毎朝筆者たちのグループに参加して一年間坐りつづけたのち、帰国した。

ブラジルにラテン・アメリカ仏教学院が昨年（一九七四年）できたので、現在、博士はそこで真言密教の実修と講義とをあわせておこなっている。

わが道場の阿字観行

冬と夏とでは一時間の時差があるが、今、夏期は五時に暁鐘十二打があり、五時半に道場を荘厳し、六時五分前に入堂相図《あいず》の三通三下を鳴らす。入堂者は袈裟、数珠を身につけ、金剛拳を腰にあてて右足より入堂。入口で一礼してから歩く坐禅の要領で、密厳仏国土の蓮花をふむと観念しながら静かに歩を運んで、本尊前の正面で礼拝し、着座する。伝授を受けた者は護身法を結ぶ。ただし、ハンカチなどを用いて人目にはふれないように配慮する。

六時に勤行法則によって読経を開始する。懺悔文、三帰礼文、十善戒、発菩提心真言、三昧耶戒真言、開経偈、般若心経、光明真言、五大願、本尊宝号、以下、回向法界万霊、願文、普回向。心経以外はすべて訓み下し文を用いる。心経の代りに観音経や九条錫杖経を読むこともある。そのうちに理趣経百字偈を読誦したいと思っている。

読経後、所定の阿字観掛軸の一メートルほど前に位置し、五体投地礼をおこなってから端坐し、次に結跏趺坐または半跏趺坐する。ただし、禅宗の作法とは逆で結跏趺坐は左足を右膝にのせ、右足を左足の上に組む。半跏趺坐は右足を左膝の上にのせる。これは諸仏菩薩のポーズであるが、真言密教は即身成仏を本義とするからである。金剛合掌、護身法、法界定印は常のとおりで、背筋を正し肩の力をぬき下腹に力をこめる。眼は半眼で阿字の下半をみつめる。舌端は上の歯ぐきにつけ、唇と歯はかるくあわせる。最初三回は深呼吸をおこなってから数息観《すそくかん》に入る。一より十までの数を繰り返す。奇数で吸い偶数ではき出す。入息は甘美な乳白色の大気を吸いこみ、出息は悉く体内の気をはききる。一息ごとに阿字を観ずる。普通は一分間に十八回ほど呼吸しているが、阿字観では入出息を一として、一分間に四、五回くらいで呼吸できるようにする。

時折、筆者は警策《きょうさく》をまわす。本来、阿字観行では警策を用いないが、実修者の心をひきしめるのに効果的だからである。用い方は臨済禅のそれであるが、これは筆者の好みによるからで、曹洞禅によってもよいであろう。

実践こそ仏法の道

阿字観法の仕方は一肘の阿字と月輪をひろげて宇宙いっぱいにひろげきってしまう。それから次第に収斂《しゅうれん》してわが胸に収めてからもとの図にもどす。これを静かに繰り返す。

阿字観行でたいせつなのは坐法と呼吸法とである。それだけを正しく会得すれば、理論的な面はおのずから悟達すべきものであろう。

阿字観の大家であった故中井竜瑞師は、阿字と一体となるおのれを「天地のまこと」という。筆者は個体生命と宇宙生命との内面的なつながりを出入息によって実感すること、生かされているおのれのいのちと一切衆生とのむすびつきを自覚して衆生愛に至ることを繰り返して説いている。だが、これはいちおうの説明にすぎない。

観行としての阿字観は略観である。広観になれば生活万般にわたり一切は阿字であり、本不《ほんぷ》生《しょう》の理法は生活倫理として現われてくるわけであるから、おのずから十善戒が基調になる。

阿字観は三十分位を理想とするが、真剣勝負でやれば十五分あればよい。それはおのれが天地いっぱいに生ききる瞬間だから。

拍掌が鳴って出定。護身法を解き、金剛合掌して平座にもどる。それから二十分前後の法話がある。実修に則しての仏教の基礎知識、弘法・興教両大師の教学、たとえば空海の「弘仁遺誡」や覚鑁《かくばん》の「阿字観」「五大願秘釈」などの解説、「勤行法則」の説明など。また密教の専門的な内容にわたることもあれば、時事批評や文明批判、日々の出来事についての感想めいたものなど、あるいは仏教行事の紹介など、バラエティーに富んでいるといえよう。

出堂のときは、生きとし生けるものへのあたたかく大きな慈悲の心をよび起こしながら、入堂のときの要領で金剛拳を腰にあて静かに立ち去る。

筆者が不在のときは当番で経頭を務め、坐禅の指導、法話がおこなわれる。夏期には帰省した大学生や親といっしょの小中学生が参加するので人数が増えるが、常時は篤信の在家居士大姉十数名である。

筆者の主催する道場は、毎朝おこなわれて年中無休であること、超宗派的であること、参加者の自主的な運営によること、などが特色といえようか。

今日、仏教ブームといわれるように、人生論的な本が盛んに出版されている。そうしたものを安直だといって、毛嫌いするむきもあるけれども、仏教に関心をもたせ何らかの機縁をつくるならば、筆者は結構なことだと思っている。ただし、たいせつなのは仏教書はどんな内容のものであれ、所詮それは方便門の一つにすぎぬということであろう。たとえ少数ではあっても本真の仏法を求める実践派のグループこそすばらしい存在だと信じて、筆者は今日も坐る。

あとがき

科学技術文明の限りない発達と地球環境の破壊。東西ドイツの壁の崩壊に始まりソ連邦の消滅という、かつてなかった程の世界の大きな激動は、諸国家統合への方向と新しい民族主義の勃興を触発しつつある。

この科学技術を生み出した西欧近代合理主義と科学的な理性信仰が、地球的規模のさまざまな閉塞状況のなかで、問い直されると共に、東洋神秘思想への関心が世界的に深まってきているのは、機械文明のなかでの人間疎外からの人間性の回復が、いわば人類史的な課題として新たに浮上し始めたからではないだろうか。

東洋的神秘思想、とりわけ密教が、近年のニューエイジ・サイエンス運動の中で、物理学や心理学などの諸分野から再発掘され出したのには、それなりの理由がなければならない。たとえば、曼荼羅に代表されるような密教の象徴表現。ことに曼荼羅はトータルな世界像として、要素分析主義を批判するニューサイエンティストの側からも注目されている。

わが国の密教は、七、八世紀にインドで組織化、体系化され、それが中唐の時代を経て、伝来したものである。

著者は、かねてから密教の分野に足を踏み入れてきたが、さまざまの機会に恵まれて、そのつど、いくつかの論考を発表した。それらを纏めたのが、本書である。

〝I密教ランドへ〟は、主として大乗仏教における密教の成立とその位置づけ、密教の神秘主義に対する正当な評価、さらにはニューサイエンス（ニューエイジ・サイエンス）との関わり、とくに両者の思想的連動性をとり挙げてある。

〝II弘法大師空海の世界へ〟は、空海密教に対する理解と、曼荼羅思想が浄土信仰と融合して密厳浄土が形成されるまで、すなわち空海から覚鑁までの密教の軌跡をデッサンしたものである。

また〝III密教経典をひらく〟では、主要な密教経典として大日経・理趣経・金剛頂経について述べ、最後に空海の『秘蔵宝鑰』によって空海密教における十住心体系すなわち密教構成の世界像を窺う。

〝IV密教を学び・修行する〟は、密教の基本的な教理と実践への入門ともいうべきものである。体験の宗教である密教は思想的な理解（教相）だけでなく、体験的な了解（事相）が伴わなければならないのは、むろんのことだからである。

以上、本書の内容構成はかなりバラエティに富んだものであって、おのずから密教入門の体裁をなすといえよう。

本書の上梓に当たり、編集部の三田武志氏にたいそうお世話になったことを玆に記して、衷心より謝意を表する。

一九九二年二月十日

宮坂宥勝
識す

初出一覧

大乗仏教から密教へ　『朝日カルチャーブックス　仏教―流伝と変容・上』　大阪書籍　一九八六年
密教の成立と大日如来　「大法輪」一九八八年十一月号　大法輪閣
大乗仏教にみる奇跡　「大法輪」一九九〇年四月号　大法輪閣
原始信仰の残滓　「大法輪」一九八七年七月号　大法輪閣
密教の神秘思想　『「密教の神秘思想」について』　成田山法類会　一九八六年
曼荼羅の思想とニューサイエンス　「柏樹」五五号　柏樹社　一九八七年
弘法大師の教えとその展開　『朝日カルチャーブックス　密教の世界』　大阪書籍　一九八二年
弘法大師空海と現代　「東方界」一二三号　東方界　一九八四年
密厳浄土　「仏教」一一号　法藏館　一九九〇年
大日経とは　「ナーム」一〇五号　水書坊　一九八一年
大日経　理趣経　『仏教経典の世界・総解説』　自由国民社　一九八五年
理趣経訳解　「大法輪」一九八三年六月号　大法輪閣
金剛頂経　『仏教経典の世界・総解説』　自由国民社　一九八五年
秘蔵宝鑰　『弘法大師の著作に学ぶ』　真言宗智山派　一九八二年

歴史・教理の学び方　「大法輪」一九八九年四月号　大法輪閣
密教の教理に関する言葉　「大法輪」一九八九年八月号　大法輪閣
真言とは何か　「大法輪」一九八八年四月号　大法輪閣
虚空蔵菩薩とは　「大法輪」一九八六年九月号　大法輪閣
密教の基本への手引き　「大法輪」一九八三年二月号　大法輪閣
阿字観へのいざない　「大法輪」一九七五年九月号　大法輪閣

第三刷重版にあたって

本書は、一九七五年より一九九〇年の四半世紀の間、諸雑誌に発表した密教関係の手引的な拙論を編集したものである。

若干補筆しておきたい。

一五八頁に吉備由利の書写した『大日経』について。由利は八世紀後半の宮廷人で吉備真備《まきび》の息女か、姉妹である。吉備令婦とも。称徳帝のとき、典蔵・尚蔵を歴任した。そして奉写御執経所においておこなわれた写経の事業に関係した。『西大寺資財流記帳』に同寺の四王堂に由利が、「一切経」の一部を施入したと記録されてあるが、その後、同じく法隆寺にも施入している。これらの中の『大日経』が西大寺に現存する由利の書写本であろう。

また、一五六〜一五七頁にみえる東北目録は、東北帝国大学蔵版『西蔵大蔵経總目録』の略称である。

一九五頁に『文鏡秘府論』と対に『文筆眼心抄』を挙げる。後者は今日では空海に仮託されたもので、真作ではないというのが学界の定説になっている。『定本弘法大師全集』（高野山大学密教文化研究所編）には『文鏡秘府論』の参考資料として掲げてある。

なお、戦後、台湾の台北で出版された『敦煌大蔵経』に「毘盧遮那経」と題した梵本断簡が収録されている。未調査だが、『大日経』の断片ではないか、と推測されるので付記しておく。

二〇〇四年二月二十八日

著者

著者略歴

宮坂宥勝（みやさか　ゆうしょう）

1921年長野県に生まれる。1948年東北大学文学部印度学科卒業。高野山大学教授、名古屋大学教授を経て、退官。文学博士。名古屋大学名誉教授。智山伝法院院長、真言宗智山派管長、総本山智積院化主等を歴任。2011年逝去。

著書

『仮名法語集』『真理の花束・法句経』『人間の種々相・秘蔵宝鑰』『仏教の起源』『密教思想の真理』『仏教経典選・密教経典』『密教世界の構造』『宮坂宥勝著作集』全６巻、『生き方としての仏教』『ブッダの教え・スッタニパータ』ほか多数。

新装版　密教の学び方

一九九二年　三月二〇日　初　版第一刷発行
二〇一八年　九月二〇日　新装版第一刷発行
二〇二二年一二月二〇日　新装版第二刷発行

著　者　宮坂宥勝
発行者　西村明高
発行所　株式会社　法藏館
京都市下京区正面通烏丸東入
郵便番号　六〇〇-八一五三
電話　〇七五-三四三-〇〇三〇（編集）
〇七五-三四三-五六五六（営業）

装幀　山崎　登
印刷・製本　亜細亜印刷株式会社

ISBN 978-4-8318-6558-8 C1015